师道思享

SHI DAO SI XIANG

赵一 著

辽宁大学出版社

图书在版编目（CIP）数据

师道思享/赵一著. 一沈阳：辽宁大学出版社，
2018.11
ISBN 978-7-5610-9394-8

Ⅰ.①师… Ⅱ.①赵… Ⅲ.①高中－班主任工作－研究 Ⅳ.①G635.16

中国版本图书馆 CIP 数据核字（2018）第 168234 号

师道思享
SHIDAO SIXIANG

出 版 者：辽宁大学出版社有限责任公司
　　　　　（地址：沈阳市皇姑区崇山中路 66 号　　邮政编码：110036）
印 刷 者：沈阳市第二市政建设工程公司印刷厂
发 行 者：辽宁大学出版社有限责任公司
幅面尺寸：170mm×240mm
印　　张：13.5
字　　数：170 千字
出版时间：2018 年 11 月第 1 版
印刷时间：2018 年 11 月第 1 次印刷
责任编辑：王　健
封面设计：高梦琦
责任校对：齐　悦

书　　号：ISBN 978-7-5610-9394-8
定　　价：36.00 元

联系电话：024-86864613
邮购热线：024-86830665
网　　址：http://press.lnu.edu.cn
电子邮件：lnupress@vip.163.com

乐在其中

——《师道思享》序

赵一老师邀请我为她的新书作序，我本想推脱，却终为她的执着精神所感动，于是答应下来。

调来锦州中学工作之初，我全面负责省里举办的诗词大会活动。近三个月的准备工作，我目睹赵一老师有条不紊地为学生安排背诵任务，沟通选手的指导教师，分发备战资料，组织模拟考试，为学生挑选演出服等准备工作……对待工作，她总是一腔热情，一丝不苟：这是赵一老师作为团委书记留给我的印象。

随着工作中接触的增多，我更为赵一老师的敬业精神所感动。我听过她的外出学习汇报课，收放自如，深入浅出，将高中英语课外阅读与教材有机融合，全英文的授课，把听者带入了一个美妙的英语世界。对待课堂，她不断创新，不停钻研，走在了教学理念与实践结合的前沿！这是赵一老师作为英语教师留给我的印象。

凡是学校布置的工作，赵一老师立即深思熟虑，她的时间观念很强，很多时候，她的工作都有超前性。在年级管理工作中，她用合理化建议演绎了桥梁与纽带作用，她用实际行动诠释了责任与担当。学校开展的专题大讲堂，她第一个报名，我全程参加了她的大讲堂，风趣幽默的语言，恰到好处的例子，系统化的学科知识，让学生们学有所得，学有所获，学有所思。对待年部的管理工作，求真，求实，求创新，这是赵一老师作为年部主任留給我的印象。

　　赵一老师担任两个班的英语教学任务，一个班的班主任工作，还兼任校团委书记及高二年部主任，每天的工作繁忙琐碎自不必多说。但即便如此，她仍笔耕不辍，经常在个人公众号上分享一些她的教学感悟。2016年和2017年，她已连续出版两本教育教学专著。读书多的人不在少数，读后能思考的也不在少数，但是忙碌疲累的中学老师队伍里能坚持读书且能如赵一老师不断思考的人却一定不会太多。

　　当一个人喜欢阅读与思考，吸纳太多，总得寻求释放。

　　赵一老师即将出版的这本书分为两部分，第一部分着重于她对某些教育现象的真实体会与反思；第二部分则汇聚着她近几年读书心得、教学随笔，承载着她对教育教学深层次的思索。慢慢看完整本书稿，我犹如欣赏了赵一老师在书中所提及众多书目的精华之处，也更加深刻地体会到朱永新老师所说："只要行动，就有收获；只有坚持，才有奇迹。"在人生的旅途中，面对太多的理想，我们不需要太多的口号，需要的是用行动去克服人之惰性。赵一老师用自己数年的行动收获了自己与时俱进的教学理念，用数年的坚持收获了自己对教学实践感受的升华，更是收获了教育教学过程中的幸福与成长。

　　"知之者不如好之者，好之者不如乐之者。"作为主管学校教学工作的负责人，我真心希望中青年教师能像赵一老师一样，乐于教学，乐于总结，乐于反思，并享受到教学中的快乐！

　　欣然为序，鼓励作者，鞭策自己。

锦州中学副校长　张宏强
2018年4月27日

一书一隅味平生

——《师道思享》自序

当老师的时间越长，我越来越喜欢回味教育，越来越喜欢反思自己的教学，越来越喜欢挑战自我。在每天看似格式化、机械化的世界里，我更希望自己能寻求到属于自己的那束光，努力成为有光的行者和思者。

我热爱我的职业，热爱自己的学生，从未放弃追求自己的教育信仰和梦想；我热爱我的教室，更希望守住自己的一间教室，无关于分数及纪律，以生命在场的姿态，唤醒、点化和润泽着生命；我忠实于自己的良知，警醒着自己内心深处的意识，更希望自己幸福地享受一书一隅，不浮躁，不抱怨，让每一个生命在教室里都开出一朵花来！

做个有思想的教师究竟有多难？一位中学老师又究竟能走多远？那间教室于我而言，也不仅仅是一间教室，是我教育理想的实践基地，不能亦不忍有一丝丝的懈怠。"人因思想而伟大"，有思想才有尊严，有思想才有魅力，有思想才有价值，而获取新的思想的最佳途径就是读书。我很遗憾自己小时候，由于家里的客观原因所限，我几乎没有书读；我很后悔自己刚上大学的时候，由于意识不够，没有成为学校图书馆的常客，读书也只是局限于所学专业；我很庆幸自己在大学自由的学术氛围里，我逐渐与书结缘。

书，让我体会到内心的宁静，让我站在前人的肩膀上，让我丰富自己教书育人的灵魂，让我提升了人格尊严和独立思考的意识，让我增添了问题意识与批判意识、纵深的追问能力，让我有能力去引领我的学生们用自己的眼睛观察世界，让我感受到教育教学的真谛，聆听到花开的声音，更让我成为有信念的思者、知行合一的行者！

生活即教育，教育理想也必然隐含在生活的角落之中，教育理想必须获得全面的考虑，才可能成为一种值得去发现的教育，才可能成为一种配得上追寻的教育。面对教育，我坦言，我存在着一种质疑态度，这也就更加激励我理性地、全面地思考自己的教育教学。教育是教会人人追求幸福，一个不能让人更好地去过一种俗世生活的教育并不能成为一种好的教育。每个教室里的学生都是唯一，教育，本应从简单的尊重开始。教学或许可以高效，但是教育却很难达到高效，因为教育一定是慢的过程，作为老师的我们需要正视这个缓慢渐进的过程。教育的本质是爱，这种爱不是量的积累，更需要质的提升。

相对之前所出版的两本书，这本书更像是自己的"思享会"，对话自己的心灵，对话自己的理想，把那些教育家，也包括那些教育实践者们的思想为我所用，成为自己教育教学的指导思想，从这个侧面看，它是"师道"集结。数十篇文章，主要是我近三年间所作，记录了我与书之间的美好生活。今天，把它们结集出版，是自己教育心路历程上的又一个重要事件，在安静的角落里偷得半日闲暇，自当手捧一书，沉浸其中！一书一隅味平生！

2018 年 3 月 11 日

目 录

目录

第一部分

育路情怀

写给儿子

儿子，其实妈妈很感谢你！我感谢你让我成为你的妈妈！选择让我来守护你的成长！你的到来使我多了一个人世间最美的称谓"母亲"！更是因为有了你，我的生活变得多姿多彩！你不知道的是你甜甜的一句"妈妈"会消除掉我多少工作和生活的疲惫！你不知道的是你点滴的进步会让妈妈无比兴奋！你不知道的是你睡觉的时候，妈妈更愿意在旁边看着你，对于妈妈而言，这就是一种幸福！

我知道，在你的内心中，妈妈是个很要强很优秀的妈妈，但是事实是，妈妈只是一个普普通通的人，一名普通的人民教师。"人外有人"，妈妈希望你明白：人生的道路上，很多时候一旦你停下脚步，你就会被超越，进而被别人远远地甩在后面，所以你的努力更多的是为了让自己配得上你的追求和理想。除非，你告诉我："妈妈，我不想那样！我放弃我的梦想！"否则，你就要努力下去，你就要拼搏下去，哪怕感动的只有你自己！你也要坚持！因为人生的过往都只是时光赠予你的礼物，没有人关心你飞得累不累，只有人关心你飞得高不高。这就是人生，直面人生！妈妈想告诉你的也正是这一点，这个世界上不存在天才，存在的只是努力的人，时光会告诉你答案。

我知道，在你的内心中，你还把自己当成一个孩子，可是儿子，妈妈想告诉你，谁也不能拒绝长大。如果总是把长不大当作自己的借口，然后去做一些不靠谱的事儿，那么未来你一定会陷入痛苦与纠结中。你现在所做的一切固然不能让所有关心和爱你的人满意，但是，你要学着自己长大，鼓起勇气去面对生活。

我知道，在你的内心中，你认为自己的学习道路才刚刚起步。可是儿子，妈妈想对你说，纵然是刚刚起步，我也不希望看到你在学习或是生活中碰到困难就回头，你要知道，你的退缩或可让你慵懒下去，最终毁掉你的一生。你只有培养起自己强大的自制力并不断地增强，才能搭建起走向成功人生的阶梯！

我知道，在你的内心中，你认为自己想要的一切，父母总是在尽力地满足你。可是儿子，妈妈想对你说，终有一天，你的人生中父母会永远地缺席，那时你自己想要的一切，你是否有能力满足？清晨，那一缕唤醒你的阳光，也应该唤醒你对人生的渴望！妈妈希望你努力成就更好的自己。

我知道，在你的内心中，你认为爸爸对你的管理太严格，可是儿子，妈妈想对你说，每一次，爸爸严格的管教的背后是他更多的疼爱，"子不教，父之过！"正是不希望如小树一样的你在生长期内缺失挺拔，他才努力地修正你。每每到这个时候，妈妈心疼你，但是作为父母，我们更期盼你早日成为一名名副其实的男子汉。我们更希望帮你"破茧成蝶"，助力你的人生！

儿子，妈妈很爱你！愿你有一天，长大后，读起这段话，会另有感触。父母对你的爱永远没有条件，没有限制！

2017 年 3 月 28 日

只愿你幸福快乐地成长
——听《我只是个孩子》有感

　　这两天，正值你期中考试的日子，坦率地说，我有些小小的紧张，还在今天的早晨训斥了你。还记得你开学初的月考吗？发表成绩那天的中午放学，我按惯例去接你放学。远远地看你走向我，耷拉着脑袋，很是不高兴。"怎么了？"我轻轻地询问你，很怕你又受到了什么样的伤害。"妈妈，我考试考得不好！"我相信你说这句话时，一定是鼓足了勇气，因为你知道，在我的心里，最最关注的就是你的学习问题。"没事儿！等发下试卷，咱好好看看，看到底错在哪里。"这是我的内心独白，我却没有说出口，取而代之的是这样的责备："你不知道你怎么学习的吗？开学以来，你的表现就不好！你不知道自己是怎么回事吗？"我的愤怒完全超过了我的想象，以至于你被我弄得不知说什么，一直在说："妈妈，我下次一定考好！我错了，妈妈，你不要生气啦……"

　　看着你难过的样子，我的内心是纠结的。你刚刚上小学一年级，未来的路还很长，我不想你过早地被学习的枷锁所禁锢，不想你为学习的苦累所烦扰，但是每每看到你的学习状态不如人意时，却又禁不住地批评你，每次还要对你说"我这是为了你好！"想起你曾在一天晚上睡觉前，对我说："妈妈，为什么别人遇到的是严父慈母，而我遇到的是严父严母？"看着你那可爱的小表情，我不知道怎样的回答才会让你满意。

　　我们作为父母，总是希望你做得更好，盼望你成才的心总会显得如此迫切。妈妈是当老师的，这些道理是明白的。我总是劝说别的家长对孩子充满耐心，要静待花开，但是不知道为什么到了你的教育上，我总是会显得那么急躁？

今天又逢期中考试的日子，考完试，我听了你们班主任老师推荐的《我只是个孩子》，我听了一遍又一遍，听着听着，眼泪竟然不由自主地落了下来。可能是妈妈总是愿意反思，所以我发觉自己又开始反思自己的行为，尤其是对你的教育。看似，我总是急匆匆地带着你出发，走得那么远，但当我回望道路时，却发觉我已然忘记了当初为什么出发？有时甚至忘记了我教育你的目的在哪里？有人说教育是一种人格心灵的唤醒，或许放慢脚步，用最纯真的视角、最饱满的心灵，我们才能去共同体味生命与成长的美好。

但是，生命与成长的美好是有前提条件的。我们所处的社会和时代决定了我总是会矛盾地解决你的问题。有时候，我甚至会想，也许你长大了，我的担忧与困惑就能解决。但是，妈妈希望你快点儿长大的同时，又害怕你长大！

不想否认，在教育的问题上，我们很多时候就是一种苛责，总是倾向于发现我们的被教育者身上的这种或是那种不足，总是带着一双"发现式"的眼睛去搜索他们的缺点。更多的时候，我们是以爱的名义或是"我们是为你好"的名义下而所做的事，丝毫显示不出爱的痕迹！所以，当下的中国教育是矛盾的，高考、升学就在那里，你想绕过它们是不可能的。也许，在人生的阶段中，学习的过程是必须经历的，而这个过程是快乐也好，痛苦也罢，这只是被教育者的感受。从它在整个人生阶段所起的作用来看，它是美好的，至少它的目的是美好的，打造一个幸福的人，教育人学会争取幸福的人生。

愿你幸福快乐地成长，学会做人，学会学习，学会生活，读懂人生！

2017 年 5 月 9 日写于儿子期中考试后

高考记忆

——有感于 2017 年高考

曾经读到过这样一段话，很是认同：人生最要紧的就那么几步路，只要你走对路了，你一辈子都会很顺利，反之亦然。高考对每个人来说，都是人生中第一个关键的一步。对每一个经历过的人来说，都是一辈子不可能忘记的。虽然我的高考已经过去 18 年了，但每次回想起来，却仍然历历在目。总想找个机会，把自己尘封的高考记忆打开，说点儿什么……

在高考前，我本可以选择保送，但是那样，我就会成为一名语文老师。我没有接受保送，很大程度上是因为那时的我并不十分喜欢当一名老师，我的梦想是当一名律师！加之我的班主任李老师（李老师，已故。一个总是肯定我、鼓励我的历史老师，他那时是我们学校的教务主任）认定我应该自己去参加高考！然而命运就是这样，虽然放弃了保送，1999 年的 7 月 7、8、9 日，两天半的高考却注定把我送进了一所师范院校，从此成为一名光荣的人民教师就成了我毕生的追求和梦想。

我的高考年代，是"3＋2"的考试模式。五张试卷，把我的"律师梦"打得稀碎。我不止一次地告诫我的学生：考试时不要乱改答案，不然，你就会像我从一名律师变成一名老师，一字之差，却永远无法实现自己儿时的梦想！虽说这种说法有些调侃的意味，但是实事求是地说，那微弱的劣势确实决定了我的人生方向。

18 年过去了，可是每每到高考季，我都会觉得紧张，最初，我以为那是自己的职业病。后来，我发现，事实不是这样，其实，全社会都会跟着紧张：社会上各个行业都在为高考让路。家长们更是想尽各种方法，来为孩子们寻求好运。连菜市场卖菜的大爷都知道：娃儿们要考试了。楼下三五成群的大爷大妈们也议论着高考：这孩子们，一天累得啊！可是上了大学又能咋样呢？于是乎，开始罗列某某家的孩子，上了大学依然没有工作，某某家的孩子，没有上大学，却生活得很好。在闲散的交谈中，会有正义感极强的表示：孩子还是得上学、学文化，不然，走向社会能干啥！当不经意间听到他们的议论时，我总会放慢脚步，去听一听，倒不全是因为自己的好奇心，更多的是借此时机又一次体会高考对于社会、高考对于个体的成长的意义。

今年浙江的语文高考题，在网上走红了。一道阅读题，原文作者竟然不知道怎么作答。但是，这就是高考！这中间似乎夹杂着太多的无奈，但是现实就是我们必须沿着这条路走下去。今年高考期间，有人做了实验，让两名外国人来答我们的高考英语题，结果，他们认为自己的错误莫名其妙！于是，这两名外国人表示了他们的诸多不理解，为什么要有这样的区分和辨析，为什么要难为这些孩子？但是，这就是高考，这中间似乎夹杂着太多的苦痛，但是现实是我们只能拍拍身上的灰尘，继续前行！前些天，我看了北大的招生宣传片，相当于一个小的励志电影，催人奋进，却再现了中国社会无情的社会现实，那就是高考！

高考，或许是每个年轻的国人都难以跨越的，只要你还有梦想，只要你对你的人生还有规划，你就要面对高考。参与高考就像一次炼狱的洗礼，它让一个人从一个孩子成长为一个大人。因为去高考的人如一个走向战场的战士，其身上背负的不仅仅是自己的命运，甚至有父母的企盼、家庭的希望。

于我，我感恩于高考，我总是毫不掩饰地和我的学生说，没有高考，我不会有一份相对稳定的工作，站在讲台上和你们共同学习。虽然，当老师不是我最初的理想，但是我已然回归了内心的从容与淡定，将简单而纯粹的爱奉献在自己的工作中，已然以"亲人"的视角来对待我的工作。

高考的记忆于我是快乐的，虽然近在咫尺的梦想在瞬间变得遥不可及，为此我曾心痛过，但是那种十二年寒窗苦读只为一个目标的单纯与幸福，是人生其他阶段所不可比拟的！没有哪一件事情会让我们忘我地投入，除了高考！

虽然远去的 1999 年 7 月已然成为历史，时光似流水，静静地流向远方，伴随着辛勤的汗水，激动的泪，都将成为我永恒的回忆！

2017 年 6 月 12 日有感而发

当我们的职业不再光辉……

（题记：不再光辉是表象，瑕不掩瑜，无关于教师行业的伟大）

偶然看到网上一篇批评老师的文章，突然觉得我的同行们和我是如此的不堪，一颗红心向着教育事业，却屡屡被推到舆论的浪尖上。不知道从何时起，我引以为自豪的职业成了我的另一种标签，倒不是我有意自黑我的职业，但是每每说起"教师是太阳底下最光辉的职业"，居然会有一种别样的感觉。

在残酷的现实中、网络上只要一提到老师，只要我们一提到教育，普遍的现象是似乎赞扬与褒奖少一些，批评和抱怨更多一些。抱怨无处不在，无时不有，诸如学生课业负担繁过重，学生的竞争压力过大，教育资源不公平，孩子身心发展得不到关注，等等。但是可悲的是，无论是教育的问题还是学校的问题，最后自然要让老师承担起来，那一刻仿佛老师真的就是学校的主人似的。不仅如此，个别老师的师德问题的板子还是要无情地打在全体老师身上。老师稍有不慎言行，就会引来铺天盖地的批评、咒骂，更有甚者，老师的人身安全都受到了威胁。尊师重教似乎成了一句冠冕堂皇的空话，教育的顽疾为何让一线老师来买单？

那么，究竟为什么老师职业不再"光辉"？这确实是个值得思索的问题。

有人这样评价老师群体：老师似乎是最善于"自我加压"的群体。在我没有成为老师之前，我没有深刻的体会，可自从当了老师，我愈发认同这句话。晚上，学生上晚自习，作为班主任就会想着去学校看一看，于是"看见小窗户就有窥视"的描述、躲在门后恶狠狠的"容嬷嬷"成了班主任经典的形象；学校有规定的作息时间，但是负责任的老师们会把时间提前，会善于利用每天的空闲时间来组织学生学习，或是由学生自发组织学习，学生和老师永远都像一个陀螺一样在转，没有可以休息喘气的时候。而作为老师的我们就是一直陪伴，那种陪伴远超过"长情的告白"那种含义。于学生而言，高考就摆在那里，是无情的战场，没有硝烟，却充斥着"恐怖"与"揪心"，进入考场的你和从考场走出来的你是两个完全不同的人生；而于老师们而言，又何尝不是一样呢？为了实现既定的目标，大家都在参与一场无声的竞赛，没有喝彩者，没有胜利后的花环，大家却都憋着一口气儿，丝毫不敢懈怠。有时就感觉自己以外所有的老师都成了"对手"，对手如此众多，如此强大，自然不能休息，只能不停地向前！而这样一种畸形的竞赛结果不言而喻，注定是失败，丧失了幸福感，迷失了人生方向。于是，老师的工作时间在无形地加长，在很多单位都是"无事可做"的情况下，老师的工作却在不知不觉中增多。每当听到一些先进事迹，我们就会被感动得一塌糊涂，感动于那些老师们无私的付出，感动于那些老师们的默默无闻。然而，当老师这一群体如此辛劳之后却无法赢得社会的尊重，何来"光辉"？

教育是为了提高人的素质，百年大计在于教育。但是，或许就是因为我们千变万化的评价手段最终只能归为升学率那一串串无情的数字，我们的教育本心显得是那么苍白无力。老师们为了学生的学习成绩提高，繁忙不已，而在学校的圈子里，"晕轮效应"决定了学生的学习似乎标榜着一切！学习好就是好，就是硬道理，"学优生"成了所有关于学生学习生活中的人共同的追求。而教育人的事业就演变成教育学生学习的事业。这样的教育，问题自会层出不穷：学生打骂老师，无德在先；学生无视学校的纪律，更是极为普遍；家长来学校"校闹"成了一些学校的痛点；更有一些学校出现了骇人听闻的恶性事件。如此，教育不受到质疑和批评才是怪事，体制中的老师自然也逃脱不了"帮凶"的嫌疑，何来"光辉"？

事实上，对今天的教育现状，老师也是诟病多多，谁家没有孩子。当老师的子女也不得不接受这样的教育时，只有声声叹息，面对无力改变的现实，有时居然连吐槽都不想去做。于是，从耿耿于怀到随波逐流，"出淤泥而不染"的豪情渐渐被现实洗刷得荡然无存。说到底，对于自己的工作，很多老师并不认同，日复一日、年复一年从事这样的工作，有反思意识的老师更觉身心痛苦，有批判意识的老师更想挣扎逃脱，然而最终又能如何？更多的却是忍受，逆来顺受，把压榨当成"享受"，自带阿Q精神！连自己都无法认同，自己都感到痛苦的教育，何来社会的认可？从事这样的职业，何来"光辉"？

遥想中国的古代，那是"学而优则仕"的年代，所给予人的不过是一个获取功名利禄的一个途径而已，"范进中举"的故事也许不是什么特例；而近现代的教育事业中，也曾有过大师级的人物提倡真正的教育，而不仅仅是教学知识，但仅仅是昙花一现！对比之现如今的教育，道理都相通！真正的教育的样子很是美好，但是那种美好，只能在我们的想象中，现实就摆在那里！老师要想成为光辉的职业，谈何容易！

2017 年 7 月 25 日

我的青春与大学

又是一年芙蓉花开时，又是一年毕业季。看着朋友圈里，曾经的学生们发着各种各样的照片，不由地感叹岁月的无情，把我们曾经的青春年华掩盖，原以为自己还是个年轻人的"80后"如今已近不惑之年。回不去的大学时光！回不去的青春！曾经心心念念什么时候能走出那个充斥着正派教育的校园，却发觉，再回去，自己已然成为游客，而非主人；曾经那么信誓旦旦地说离开了，"此生永不相见"，却无数次在梦里回到那熟悉的场面；曾经以为大学四年没有留下什么，却不曾想，留下的满满全是留恋！

我的书架上有一本纪念册，是我大学毕业时的小册子。我总是习惯地把它摆在我的书架上，想起来时还会仔细地擦拭，不愿它落上灰尘。那本小册子，不是一本普通的纪念册，承载着我大学四年的故事。黄河路850号，是我永远的记忆；南院五舍是我青春岁月的见证；辽师小街，似乎永远回荡着我们的欢声笑语。

一转眼，大学毕业14年整。

我总是想，如果高考的纸质档案袋子上，妈妈不为我加上两个字"师范"，我现在会在何方？不会与辽师结缘，不会成为一名人民教师，或许我的生活是别样的景象。无谓好与坏，大学四年究竟带给了我们什么？

我依稀记得，1999年的9月5日大学报到时的场景，我来到那个陌生的环境，当妈妈为我整理好一切、转身离开时，我的眼泪却一直在流。从没有离开过家，我又是提前上学两年，我对自己的大学生活一片茫然！妈妈从不担心我的自理与自立能力，却担心我想家，那是一种心理上的依赖。在送妈妈上车的那一瞬间，我突然懂得这就是成长与历练的开始！大学的四年，带给我一个全新的视角和舞台，让每个怀揣梦想的青年人去展现自我。大学里，只有你想不到的，没有做不到的。所有的一切，可以超乎甚至颠覆你的想象！

人生或许就是如此，追求自己所不曾拥有的，却忽视自己拥有的一切美好！当 2003 年 6 月 27 日离校的号角吹响，曾经我的大学已不复存在，送别同学的场景，我依然记得，由于"非典"的影响，我们的离别很有特点，那一转身，或是一辈子的再见！也就是在那样的一瞬间，记忆的闸门会瞬间井喷，多希望它能成为永恒，可事实是余下的只有无奈与丝丝悲凉！人总会有遗憾，人也总是习惯于给自己的生命添上若干个假设，好似那些假设能帮助舒缓自己对生命中的某些不甘！大学四年亦是如此。

但是，当我仔细地追寻记忆，我会发觉大学教会我的远比我自认为的遗憾要多得多。虽然我曾认为自己在大四经历了人生最大的不公平，在我最需要肯定的"保研"问题上，辽师"骗"了我，但是我依然想真诚地对我的大学说声"谢谢你！辽师！我的大学！"所有的经历都是人生的一种财富！与过去和解，对自己何尝不是一种解脱！那件事情对我的教育意义更是深远，令我终生铭记！正如我会永远记得"厚德博学、为人师表"，"学高为师、身正为范"！

那四年里，我懂得了许多人生的道理，更为重要的是我认清了自我，自己是谁、愿意做什么、能够做什么、自己未来去哪里？没有读过大学就进入社会，可能会让你能够更快地成熟，但是很难对自己有很好的认识，因为缺乏足够的时间来让自己犯错误，也缺乏时间让自己的思想具有足够的成熟时间；但是读大学让你在一个缓冲期内，可以更好地来度过这个成熟期。

那四年里，我懂得了观察与思考对于人生的意义。大学是个模拟小社会，但又不完全等同于社会。在社会上，很多人际交往都是工作式的和利益式的，当你需要这些人的帮助的时候，你经常需要来怀疑这种人际的真实性。而在大学的时候你所结交的朋友，大都是经历了很长时间的没有利益关系的交往，你们之间的交往在很大程度上有一种利益的超越性，你可以天然地信任那些你们彼此钟爱的友谊，而这种友谊是一生的财富。

那四年里，我懂得了知识奠基的重要性，努力掌握可以终生受用的再学习能力。因为大学教会了你去如何学习，教会了你如何去接触新的事物并把它很好地掌握！或许你也曾为了"60分万岁"而哀号怒吼过，但是最终，当你战胜了自我，那是只有攀登到顶峰才能享受到的无比幸福与快乐！大学的四年帮助你确定了自己所要从事的兴趣方向，当然，如果不合适，你依旧有选择与调整的机会与权利，前提是你懂得学习，你会学习！

大学生活帮助一个人成为一个社会需要、社会欢迎的人。大学生活教会一个人学会生存的同时，更要用更加崇高的信念来点亮自己的人生。大学生活的所有记忆，最终都会变为美好、怀念的味道，那将是人生旅程中的一段令人难忘的值得珍惜的过往。轻轻地合上我的纪念册，把它收藏在记忆里……

——以此文来追忆似水年华，写于毕业14周年整 20030627
—20170627

教育，教会每个个体追求幸福

德国著名文学家赫尔曼·黑塞曾经写过这样的诗句："人生的义务，并无其他。仅有的义务就是幸福，我们都是为幸福而来。"教育，是教会每个个体追求幸福的事业，是现实，而非空中楼阁般的假想。我们真正需要建构的是指向"幸福"的教育，而不是指向"成功"的教育。

一位毕业多年的学生小 A 回学校来开证明材料，和他闲聊起他曾经的高中生活，言语之间，我能真切地感受到他对那段时光的留恋，他即将硕士毕业，走上他喜欢的岗位，问他为什么不选择自己的专业，而要另辟蹊径，他的回答是："我想做我喜欢做的事，而且我有能力来选择幸福生活！"他所受的教育帮助他学会了人生的选择，帮助他积聚能力去选择自己喜欢的事，这就是幸福生活的能力与权利！这就是我想要教育我的学生们要拥有的能力！

但是，一个不争的事实是长期以来，在学校，我们并没有把个体的"幸福"作为教育的目标，却把教育的终极目标锁定在"成功"上，一切教育活动都围绕"成功"进行。有人会问，幸福与成功不是相伴而行的吗？会有什么样的差别？但是，仔细地思考，我们会发现，它们的本质是不同的。

以成功为目的的教育难免急功近利，在一个如此躁动不安的现实社会里，这种功利的教育从表面上看显得很是应景。于是，教育成为人追求成功的工具，我们总是在抱怨中国的基础教育太过疲惫，无论是老师，还是学生，抑或是家长，三方都在这其中迷茫地斗争。

传统的中国人把幸福定义在成功之后，于是，追求成功成了奋斗的目标；而西方人则把幸福定义在成功之前，人人都可以获得幸福，但不是每个人都可以获得成功。回到前面我所提到的那位学生，他可以选择去当一位医生，相信经过多年的学习，他很有可能成为一名医术精湛的专业医生，但是他会幸福吗？当他选择了放弃专业，去做自己喜欢做的事情，而且凭借自己的能力，去把它做好之时，他却是一个幸福的人。

幸福需要感受、体悟，也需要学习，理应被视为学校生命教育的一个部分。教育者与被教育者都应该有自己的幸福和快乐，努力去寻找夹杂在繁杂工作和琐碎生活中的一缕阳光，让它照进自己的心房，用心去感悟，以自己创造性的劳动去实现自己的生命价值，并在创造性的劳动中，享受这本身带来的自身生命力焕发的欢乐。教育需要幸福，在很大程度上说，教育的过程既是教育者教会受教育者学会求真、求善、求美的过程，同时也是学生自身学会求真、求善、求美的过程。于教师而言，找寻教育的幸福与快乐是自己工作中源源不断的动力之源！于学生而言，找寻学习中的幸福与快乐，为了自己对未来生活的美好向往而享受自己的学生时代才是学习中得以提升与进步的根本！

教育就是理解幸福、发现幸福、感受幸福、创造幸福的过程。还孩子们幸福，树立其正确的幸福观，提高其良好的幸福品质，发展其卓越的幸福能力，自主创造美好人生，是教育的重要使命。教育，最终应该教会每个个体追求幸福。

2017 年 9 月 20 日

正视我们的教育

周一的早晨，我一如既往地早到校参加升旗仪式，匆匆赶赴学校的路上，我意外地被一个骑车的孩子撞了一下。让我没有想到的是，他非但没有道歉，还恶语相向。我很是生气，想和他理论一番，他却一转身骑车跑了。看着他远去的背影，我的内心中除了怒气，还隐约地夹杂着一丝担忧，不懂得基本的处世道理是有多么可怕！

不知从何时起，我们会发觉一代代青少年身上的戾气越发厉害。我们会听到年轻的父母教育孩子："谁打你，你就打他！听到没有？"我们会看到有些父母根本不考虑孩子的教育问题，在孩子的面前拿着自己的不是当理说。这些已然成为孩子在明道理的成长关键期的反面教材。

凑巧的事情是，在周二的早晨，我在校门口看到了那个曾经撞我的男孩儿。他不再是一副盛气凌人的样子，他一直在向我道歉。听着他的道歉，我的心里却是透心凉。如果我不是学校的老师，而是一个路人，可能我连接受道歉的机会都没有，这个可怜的路人对这个孩子的行为又当作何评价？我们教育学生获得分数，努力追求自己的人生，去实现自己的社会价值的同时，是不是忽略了一些最起码的基本教育呢？

无独有偶，在巡查教学楼课间纪律的时候，撞见一个在教学楼内肆意喧哗的学生。看见我，她似一支离弦的箭，冲进了教室，我很想把她喊出来，狠狠地批她一通。但是，我没有，缘于我宁愿把她的行为看作是一个孩子的胆小，却不愿归结为是一种逃避责任的表现。犯了错误，不能正确地面对，有时比犯错误本身更可怕！一味地逃避，一味地忽视，一味地纵容，难道非要错到无法挽回才知错吗？没有人愿意被批评，但是，有助于提升与改进的批评，甚至于自我批评却是我们人生路上难得的财富。正所谓"被批评也是一种幸福！"

看到一位德国教育专家"逃难"式离开了中国后所写的文章，他认为：中国的教育只有记忆，没有思考；中国的教育只有分数，没有做人的道理；中国的教育不是在教育人，而是在毁灭人。乍一看到他的言辞，我很是反对，他对中国教育的全盘否定，让身为教师的我无地自容，背后更有一种强烈的民族自豪感和尊严让我想站起来反对他。但是，这份看似声讨的言语背后是什么？于我而言，它就像一记重重的耳光打在了我的脸上，让我不自觉地开始反思。

不可否认，我们的教育正在异化，离自己的本质远来越远，自然出现了很多非教育甚至是反教育的现象。也许我们走得太远，已经忘记了当初出发的理由。

教育，不应仅是传授知识，更应努力提高个人修为，增加对生活的感受力，从而认知自己，并不断提高自己。我认为，这是教育赋予我们的重要价值和意义，也是指引我们前行的希望的明灯。

2017 年 9 月 28 日

教育，是慢的艺术

又是繁忙的一天，当我坐在教室里看晚自习，偶然抬起头，发现班上一个戴着眼镜的男孩子拿出了一本英文版《哈利·波特》津津有味地读了起来，桌子上放着他厚厚的英语字典。字典是新的，显然，书的一些页面已经旧了，他一定是读过了一些时日。

我很是诧异地看了他一眼，因为在我的印象中，他对英语学习并不是十分感兴趣，更别说主动看英文原版书籍了。他怎么会突然对看英文小说有了如此浓厚的兴趣呢？

我慢慢地走向他，当他感受到我靠近他的时候，我已然站在他的面前，他抬起头，看了看，笑了笑："老师，其实这书很有意思，我争取尽快把它读完！""我相信你能行！"我对他笑了笑，无意亦不忍去打扰他太多。

我突然想起，一年前，我曾对我的学生讲过一个学生的故事。一个小姑娘，因为喜欢《哈利·波特》，爱上了学习英语，最终把英语学到了"出神入化"的程度，成了学校里知名的英语学霸，故事带有几分传奇色彩，却也十分地励志。但是，在我和学生讲完这个故事后，班上并没有学生想要成为那样一个英语学霸，我还曾在心里默念："学生真是不上进，怎么就没有一点儿想要改变自己现状的愿望呢？"说来，事隔一年，为什么学生会有如此之变化呢？

课间休息时，我再次好奇地走到他的面前，问："你为什么想到要读这本书呢？"

"老师，您还记得吗？其实，您讲过一个故事，但是当时，我自己没有信心去实现这样一个宏伟的计划，现在伴随着年级的升高，我越来越觉得您说得有道理，而且，其实我已经尝试了一段时间，效果不错。"

"加油！祝你成功！"

听到他的回答，看到他充满期望的目光，我除了鼓励和祝福，我想不出还有什么更适合的方法。

享受教育独有的慢的艺术，需要我们俯身去看学生。我一度把这个男孩儿当作他班上的英语"学困生"，而他近期的改变却着实温暖了我的心灵，让我觉得在日益充满挑战的育人旅程中，也可以享受到这种"小确幸"。

我自认为只是一名普通的教育者，带着做一名"点石成金"的教育者的梦想，将善良与智慧的种子在学生的心田里种下，静静地期待美美开花的时刻。尊重每个学生成长的差异，尊重个体成长的规律，激活孩子的潜质与正能量，让他们在蜕变中发现更好的那个自己，在我看来，是当下教育之道。正如那个勇于挑战自我的男孩儿，当其内心中充满了对那个更美好的自己的向往之时，也就产生了巨大的动力。这种动力是他持之以恒的力量，是他得以超越自我、突破自我的力量，更是一种自我感悟与教育的力量。

教育没有终点，其魅力或许就在于它潜在的力量，润物无声，教育无痕，本质的教育更在于它最终引导受教育者形成强大的自觉性。在为师者的路上，我总是在不断地思考，对于我而言——千千万万的教师而言，最大的幸运在于以灵魂塑造灵魂，以思想唤醒思想，以智慧启迪智慧。

在这个寒冷的冬天，那本厚厚的字典、那本《哈利·波特》、那位男孩儿的微笑，温暖了我的内心世界！接受教育的慢艺术，不必苛责于心，将其化为一种等待与欣赏，面前的景象亦会宽阔如海！

　　冬天来了，春天一定不会遥远！

2017 年 12 月 27 日

教育者的自我教育

偶然的机会，听朋友讲起这样一个故事：一个三岁的小朋友捡起地上的一块橡皮交给老师，老师随手扔在了垃圾筒里。朋友问我："你是老师，你怎么评价这样的现象？"

"显然，从教育的角度而言，这位老师的做法不妥。但是，我想我们缺乏事情的前因后果，无法更为客观地评价。"我的回答，被朋友视为"强词夺理"，但是，我暗自庆幸的是，她也没有继续纠结下去。

一次闲聊，却让我久久不能释怀，仔细回想这件事时，我们会发现教育者的自我教育作用突显出来，教育者需要更多的自我教育。记得，上大学时，我们的辅导员老师总是说："外语系的学生开会，我必须打出提前量，因为你们好像受了西方文化的熏陶一般，总是不能守时。但是有一天，你们也会成为老师，如若继续这样，你们怎么去教育自己的学生？"

当时的情形，我记忆犹新，因为当我真正参加工作以后，我发觉很多时候，正是因为自己缺乏了自我教育的意识，让我对学生们的教育缺失了实效性。当我由于这样或是那样的原因迟到，学生迟到的会越来越多；当我上课时在黑板板书缺少规划性时，学生的作业和卷面也会出现水平下降；当我对待课堂的问题不足以重视时，学生也会漠然视之……这就是一位教育者的副作用，这就如朋友讲述的故事里所提到的那位老师，她的做法或许对小朋友的教育产生了潜在的影响。这其实就是教育行业的魅力，它的影响总是这样不易觉察，但是，它的力量或许我们无法想象。

很多时候，我们总是在强调，家长是孩子的第一任老师，更有些人指出原生家庭对孩子的影响。把这个道理放到我们的学校教育中，就是教育者更需要自我教育。现实世界会对人的思想观念产生巨大的影响，我们无法回避的现实：互联网＋的时代降低了知识的价值，更带给了人们虚幻，虚幻导致了狂妄，狂妄导致了功利，功利让我们忘记了敬畏。我们作为教育者，对教育没有了敬畏之心，我们不去敬畏我们的生命，我们不去敬畏我们的教育，我们不去敬畏我们的课堂，我们可能就在逐渐失去我们教育者的身份，在不由自主地偏离教育的初衷。当然，我们不能把所有错误归咎于时代，主观上的原因同样不可忽视。

在 2018 年到来之时，大家都在总结自己的过去，憧憬美好的未来。于是有人提出：2018，如果你想继续当老师，请把你的日子过好！

在我们的现实生活中，的确有很多"教育人"自己过得一团糟，生活、工作中充满着怨恨、焦虑和恐惧。如果我们自己尚处在焦虑、恐惧和怨恨中生活，哪来的善良和美好？如果我们自己没有善良和美好，又如何把善良和美好带给学生？倘若处在这个阶段，教育者的话和他的教育就没有任何意义，若是要其在这种情况下去教育别人，那么，这种教育就是虚假的教育！

教育者需要敬畏教育，注意到自己的一言一行负有教育责任，甚至可能成为学生模仿的对象；教育者需要敬畏生命，关注自己的内心世界，形成真正的教育的基础；教育者需要敬畏课堂，反思自己的教育教学活动，汇聚成巨大的教育能动性。教育者的自我教育，是有效教育的前提和基础；教育者的自我教育，需要我们努力做到知行合一；教育者的自我教育，需要我们转换角度，把自己放在教育者与被教育者的双重角度来观察。

我很尊重的一位老教师曾对我说过这样的话："教室或者说课

堂，就是一个透明的鱼缸，你的一举一动都在学生的眼里，会在不经意间走进学生的心里。"

时下，越来越多的教育者认同：教育即唤醒，唤醒学生内在的那个自我！那么在唤醒之前，我们不妨先进行一次自我的意识唤醒，并在行动上跟进，也就是真正意义上的知行合一。

在我的教育世界里，愿种下自己的愿望，每天浇水，呵护它成长！以自己为自我教育的实验品，育己，育人！

写在 2018 年新年

教育之"心"何处安放？

在回家的路上，我无意间目睹了一对母子当街吵架，原因我并不清楚，但是有一点是肯定的，儿子在大街上表示出对母亲的极度不尊重和极强的个性。从年龄上看，他至少有 20 多岁！我相信，我们每个人在上学的过程中都会接受各种各样的教育，其中尊老爱幼的教育更是自始至终就有。面对自己的母亲，以这样一种态度已然是错误的，而且其当众表现更是让我觉得他这些年的教育应当算作是失败的！

生活在如今的社会里，我们总是会听到"放心工程""放心食品"等诸如此类的词语，那么放心的教育又当是如何的状态呢？一座楼、一座桥的质量可以由其质量检测及使用情况来定义，一类商品的质量可以根据消费者的使用情况来反馈。而我们的教育没有这些情况来衡量，更不能单纯地用分数来解释定义。

教育，从这个意义上讲，应该是这样的一个特殊领域。即便是高考状元，也未必一定是质量信得过的"教育产品"，更不用说那些奥赛精英们。高考与分数只是在通往大学之门的一道检查站，而通过之后，他们的质量如何，恐怕只有时间和现实来定义。教育是一项系统的工程，其涉及的因素庞杂、受众群体大，教育的重心置于何处，将对社会起到一定的导向作用。

我们的教育更多地把"心"放在了出名校、考高分上面，当然，这并不是说这样做不对，置身于残酷竞争的当代中国社会，这是十分必要和关键的问题。但是，我们为什么不能多多兼顾一下其对知识的探索和发现上呢？我们把学生获取知识的主动性一层层地剥夺，学生只是在社会强势驱动下识记知识的机器，俨然失去了自我。而这种被动性会成为他们人生成长过程中的一颗"毒瘤"，影响到他们以后生活的方方面面，没有了自我，就失去了进步和发展的机会。

我们的教育更多地把"心"放在了教会学生适应现实的问题上面，却忽略了深层次问题的根源。教会学生思考问题，尤其是独立思考问题，或许才是我们更应该做的事情。如果我们去问一名高中生："你对于中国目前的高考制度持什么样的态度？"我想我们得到的答案大体会是相同的。如果我们再去追问："应该如何解决你刚才说的问题？"我想我们会很难得到答案。因为，高中生的层面上，大概他们的世界里，只是被教会如何去适应外面的世界，而绝非改造世界！但是，如我之前读到的文章一般，你问一个美国孩子同样的问题，你会得到各种不同的答案，原因是他们的独立思考能力是被培养过的。也或许他们的答案会是幼稚可笑的，但凝聚着思考和智慧的答案却是学生们应该具备的。

我们的教育更多地把"心"放在了智的问题上，却忽视了其他方面的能力。我们的教育甚至很多时候加入了了过多的功利主义元素，对分数崇拜会导致更多人有"分"无"心"，无心去探究真理，无心去追求理想，无心去解决社会问题，无心去创造理想社会。对智的问题过分用心，导致了教育天平的失衡，其结果如我开篇时提到的那位青年，连做人的最基本道理都知之甚少。他的未来，我们又当做怎样的预见呢？我们听过新闻中举起刀对自己的亲人相向的问题少年的种种故事，叹气过后，悲哀的背后，我们当如何？我们听过新闻中考上名校，却因不会处理人际关系而被退学的大学生的种种故事，惋惜过后，同情的背后，我们当如何？我们听说过新闻中大学毕业生，依旧沉浸于"啃老"的泥潭中无法自拔的种种故事，惊诧过后，愤怒的背后，我们当如何？

作为教育者，我们不仅要把"心"放在对学生进行知识训练上，更应转向以人为本，涵养德性，启发悟性，增强志性，培养独立精神、自由思想、合作意识，引导学生把自己放在大社会的层面来看待问题，看待自我，看待未来。

孟子有云："学问之道无他，求其放心而已矣"。教育的"放心"，应该引导学生用心灵的情思、智慧去感受书本世界和生活世界，进而获得领悟，生成知识，升华情感，寻回淳朴善良的本心！如何放"心"，是一件比提高分数、升学率更难的事。只有把"心"放对了位置，我们的教育才会真正让人放心，我们的国家才能够更加兴旺发达，我们的未来才会更加光明。正所谓，放好了"心"，才能远行！

2017 年 10 月 15 日中午有感于所见

年"味"

——写在 2018 年的除夕

题记：思绪难平，无奈之下，被动陷入其中。故作此词，实乃人生第一次填词，是以记之。

渐行渐远的岁月里，我总是希望带着感恩的心看待周围的世界。我努力把走过的每一条路、阅过的每一个人、经过的每一件事，都视为经历，纵使是充满沧桑之感，也情愿认定那些不悦甚至是痛苦深刻了我的见识，塑造了我的格局！

感恩苦痛！回望走过的鸡年，总有一件事、一句话让我瞬间成长，曾经认为自己过不去的、扛不住的、纠结着的，到头来，终究还是挺了过去！"道不同，不相为谋"，对于遇到的一些人、经历的一些事儿，我只能选择无语，含泪挥别，亦无悔，而这无语的背后是长叹一声的悲凉！

找好目标！诚然，我们人生中所有的遇见，都不以我们的意志为转移，该来的会来，该到的会到，没有商量，无从逃避。但据相关的统计，人生中只有 10％的事情是我们无法选择把握的，而另外的 90％却是我们能够选择掌控的。面对人生中无数个选择，告诉自己：更为重要的不是我们到达了哪儿，而是我们将走向哪里。目标更重要！豁达大度的胸怀是所有人努力的目标，但是现实中却很少有人能实现。因为豁达的背后必定是自我的牺牲与妥协。

鼓起勇气！有人说，思想决定行为，行为决定习惯，习惯决定性格，性格决定命运。"尽人事，听天命。"孔子说："不知命，无以为君子。"知命，首先是知"己命"，知道个人在这个世界上该如何立身处世；其次是知"天命"，感悟天地自然之道，从而能够顺天应命。其实就是要我们敢于面对现实，敢于面对自己。勇气不是一时之气，是一种强大的精神力量！

接受现实！人生是不公平的，只能习惯去接受它，尝试去接受所有的无奈。因为只有这样，我们才能把自己人生的石头从痛苦的围墙移到通向天堂的阶梯上。这世上谁不是一边咬牙坚持，一边热爱生活，而所谓的强者们也都是含着眼泪在奔跑！

持之以恒！苦心人，天不负！"越是优秀越是努力"、"越努力越优秀"，优秀的人总能看到比自己更好的，而平庸的人总能看到比自己更差的。坚毅不屈的果敢会引导我们成为更好的自己。持之以恒的背后，是别人看不见的眼泪和汗水。

心怀宽容！对人恨，也是给自己的心灵戴上枷锁！"你若爱，生活哪里都可爱；你若恨，生活哪里都可恨；你若感恩，处处可感恩；你若成长，事事可成长。"不是世界选择了你，是你选择了这个世界。在冬天停止的地方，春天前进了。在鸡年停止的地方，狗年前进了……

年"味"是噼里啪啦的鞭炮声，是叽叽喳喳的闲谈声，是吱吱啦啦的炒菜声，是风风韵韵的歌声，它们却永远地定格在我童年的春节记忆中。

也许生活并不如诗，但唯有心存希望，我们才能活出更好的自己！

2018 年 2 月 16 日 0 时 30 分

断线的风筝

——我看《风筝》

　　好多人都向我推荐了《风筝》这部电视剧，苦于一直没有整块的时间来看这部剧。终得时间，就开始了我寻找《风筝》之旅。虽说我只找到了 46 集审查通过版，但是我已感慨万千。

　　用生命渲染和衬托的信仰，力量到底有多大？在电视剧的结尾，主人公郑耀先终于实现了他唯一的愿望：满含热泪向他为之奋斗一生的神圣旗帜致敬。为了他忠诚的信仰，他成为人前风光无限的"军统六哥"，却煎熬在被自己的同志们追杀的痛苦中；为了他忠诚的信仰，他成为杀人不眨眼的特务头目，却在得知自己的爱人程真儿被害时不能有丝毫的情绪变化；为了他忠诚的信仰，他成为一个被下放、有历史问题的批斗对象，却在继续执行自己的潜伏任务；为了他忠诚的信仰，他成为一个有着多个名字、人格分裂的人物，却两次与他的对手发展恋情，而当他泰然接受后，却又面临着离别。他对不起他的弟兄们，面对那些对他忠心耿耿的下属们，是他把他们送上了绝路；他对不起他的妻子林桃，面对已经把爱情融入了生活的妻子，他却依旧在面具下生活；他对不起他的女儿，面对那个一心只盼着爸爸早点儿回家而在街口苦苦等待的女儿，是他一次次为了任务而背弃了爸爸的责任。

　　我们不难发现，郑耀先是一个十足的理想主义者，他做出了承诺，就带着对美好未来的笃定的信心，选择永远坚定地恪守。他是风筝，他的信仰就是那根线。那么，信仰的力量到底有多大？

在剧中，我们可以看到多名被捕的共产党员，为了伟大的事业、信仰和理想，他们不惜牺牲自己的生命。在无产阶级革命的具体实践中，正是这些奋战于隐蔽战线、视死如归的无产阶级先锋战士，他们用生命坚守着那个信仰，赢得的却是一条戴在自己头上更牢固更沉重的新锁链，心甘情愿地锁着自己，为的是深受苦难的国人们能早日挣脱身上的枷锁！

直击灵魂深处的人性之美，还原了本真。人性之美，不单单是完美无缺的舍己为人、英勇就义，这些近乎神一样的高而空与实事求是的观看要求不相符。中统也好，军统也罢，他们并非是魔鬼，在《风筝》中，我们看到了中统特务们对自己家人的关爱，时时挂念他们的安危；我们看到了军统特务们在国家危难之时，对正义的看法、对军人职责的义无反顾；我们也感受到了那些执行潜伏任务的特工们矛盾的心理状态。显然，这部剧真实地再现了人性的方方面面，而不是单纯运用理想主义来描绘，而是冲破了长期意识形态思想上的禁锢。林桃、赵简之、宋孝安和宫庶之死，他们死亡的环境和方式各有不同，但他们对死亡坚定不移的选择，无一例外都属义薄云天，充分地展现了人性之中最美丽的那一片底色。他们的纠葛与困顿，他们的挣扎与斗争，他们的失望与惊诧，这部电视剧把他们的内心世界真实地呈现在观众面前。他们有情有义，为了自己的信仰而死，绝不苟且。

"我是风筝，这个世界投不下我的影子；我是影子，这个世界不会有我的轮廓。"这两句话是对郑耀先和老对手韩冰之间的关系最令人动容的描述。在看到韩冰饮下毒酒，郑耀先崩溃了，他倒在了地上。现实的残酷，是对信仰的忠实赤裸裸地挑战，是对人善良的本性深层次地拷问。

郑耀先为陆汉卿之死而落泪，他选择了隐忍，背负着战友的遗志前行；他为自己的妻子林桃之死而落泪，他是一个"人"，无异于常人，他选择了坚持，朝着自己的理想进发；他为自己身份的确认而落泪，终于可以像个"正常人"一样生活。

　　郑耀先不是一个完美的形象，却更像是坚守信仰的平凡人，或许在时下的大时代背景下，这更具有现实意义；郑耀先是一个普通人，遍尝生活中的酸甜苦辣是人生的必修课。唯有理想与信仰是我们前行的力量，还时光一段平和，还生命一段本真，日子总会在继续。哭泣过的岁月，醒来之时，却发现一切如旧，只是我们自己忽略了快乐；快乐过的岁月，醒来之时，却发现一切如常，只是我们屏蔽了苦痛。仅此而已，生活，本就如此！

2018 年 2 月 17 日

立德立言，善学善行

——写在观看《无问西东》之后

早就关注过《无问西东》这部电影的介绍，几经波折，终于上映，挤出一点儿时间，和家人奔赴影院观看，几度落泪。我问自己，为什么会有如此深刻的体会，倒不全是其中演员大咖的演技，因为说实话，有些地方，确有过于完美之嫌疑，真正感动的是它高远的立意。当电影结束时，我看到影院中的观众依依不舍，不愿离去，不止于它有励志作用，更不局限于它歌颂和赞美了清华，更在于它传递给人的一种力量，直击人的内心。

影片所呈现的一代又一代知识分子的风骨和胸襟，致敬了清华人，更是对近代以来灾难深重的中华民族的慰藉，许多人似乎都能在影片中找到自己的影子。跨越近百年的叙事，更是中国的百年历史芳华。面对人生，面对爱情，面对国家，面对理想，我们需要的不仅是热血与奉献，更多的是真实，做最真实的自己，更多的是善良，坚守人心的善良。

忠于爱情，问心，无问西东。五个人物的故事，在电影开演时，会觉得关系不大，但是随着故事的深入，会发觉他们身上的关联。章子怡所饰演的王敏佳，是一个治病救人的形象，在医院工作，因为自身的"正义感"和深厚的师生情谊，才选择去"帮"老师，结果害了自己，挣扎在死亡的线上，被黄晓明所饰演的陈鹏用治愈性的爱情拉了回来。"路见不平，拔刀相助"却是她悲剧的开始，无怨无悔的爱情让陈鹏没有想到去和王敏佳划清界限，而是抚慰她受伤的心，用纯真和善良托住了她。这种感情，无关于阶级，无关于财富，更无关于外表，只源自内心深处的德与善，无不渗透着真切的情感。其实，没有谁与谁清高，其实只是遵从了内心而已。

忠于国家，问心，无问西东。王力宏所饰演的沈光耀是富家子弟，在几经煎熬的选择中寻找心之所向，保家卫国，奔赴战场。看到的是颠沛流离的民众，饿殍遍野的场景；看到的是战火中依旧严谨治学的学者，在轰炸机下依旧授业，在大雨中依旧带着学生上体育课，整齐地喊着口号；听到的是简陋的西南联大的教室里的雨声，大到无法听见教授的讲课声。一面是家人的真情，母亲的叮嘱和关爱，一面是国人的呼喊，国家危难时刻的召唤，他的家与国早已融合为一体。人生之中，我们总会面临无数次的选择，这种选择的依据又是什么？有些时候，选择就意味着放弃，甚至意味着背叛，沈光耀表面的"背叛"与"放弃"却是实质上的顺从与获得，问心，无问西东。

忠于志向，问心，无问西东。陈楚生所饰演的吴岭澜是一个国文与英文超级突出的学生，却没有选择学习文科，因为在他的意识中，想要有所作为或是想要为国出力，就需要学实业。在追求理想的道路上，他显得有些茫然，直到他听到梅校长恳切的言辞，真到他听到泰戈尔在清华的演讲，他才找到了真实的自我。正如影片中所言"愿你在迷茫时，坚信你的珍贵。"对自己真诚、坦白，便去除了内心的杂念和疑问，便有了勇往直前的力量，这份力量足以撼动天地。人生没有白走的路，所做过的每一件事，都有其意义。

忠于善良，问心，无问西东。张震所饰演的张果果就是一个生活在现代繁忙社会里，忙得有些忘我的一位高级经理。对于很多复杂的事情，他总是很纠结。所幸的是，他最终找回了自我。有人说当代的世界很薄情，在薄情的世界里想要燃起生活的激情，更需要内心的一种坚守；有人说生活在当代的社会里，迷茫是必然的，物质丰富，精神匮乏，越是复杂的情况，越是需要我们找寻内心，并不一定要轰轰烈烈，关乎于人的美德；也有人说我们生活在一个黄金的时代里，但是在这样的一个时代里，更需要我们"爱你所爱，行你所行，听从你心，无问西东"，否则我们就是"一种麻木的忠实，而丧失了真实"。

想想我们自己，为什么而忙碌？梦想又在何方？你是否有勇气去找回真实的自我呢？回望自己的路，是不是早已偏离了自己既定的方向，又有多少人能真正做到矢志不渝？青春的时日并不多，真实确值得我们去追求，也许因此，我们会付出代价，但是为活出一番风骨与傲气，却也不失为青春的色彩！

无问西东，何如？

2018 年 1 月 20 日

读懂真正的"师者"

年终岁尾时，看了几篇关于 2017 年教育的盘点类文章，感慨良多。老师，这个词，似乎在现代社会里失去了原有的地位，只因教师的素质参差不齐。一旦教师的行业出现了一些不和谐的音符，就会被诉之报端或是网络。而且，有些时候，我们会发现舆论一边倒地斥责老师。但是身在教师行业，只有老师们自己能真正地感受到这其中的喜怒哀乐。

偶然的机会，我到市里的某机关办公事，在等候的过程中，我发现那位年轻的职员一直在不停地忙碌。于是，我自言自语道："以往，总是觉得公务员工作轻松而且待遇高，可是事实上并不是这样。工作很辛苦！"她听到我的话，抬起头，说道："各行业有各行业的苦与乐！人总是会羡慕别人光鲜靓丽的一面。"

教师行业的高尚与否，我并无意过多地评论，然而在 2017 年——我从教的第十五个年头，我对教师行业的认识又进了一步，更加希望用自己的实践工作去读懂真正的"师者"！

这一年，我从媒体的介绍中认识了黄大年教授，"师者"的定义，于他，是"国家兴亡、匹夫有责"的大爱。有了他，让某国的航母后退 100 海里，他放弃了国外的优渥生活，毅然决然地选择回国任教。在他看来，我们的祖国太需要人才，现在多用点儿在教育上，未来我们的国家就有可能涌现出诺贝尔奖获得者！他一心扑在研究和教学上，不在意名利，只想真正为国家做些事。在物质生活占据上风的现代社会，能有如此的大爱与大义，堪称时代的楷模！他在病榻上仍不忘自己师者的责任，指导学生，关注研究进展。59 岁的他，离开了这个世界，却值得无数人缅怀！

这一年，我知道了香港有个"平民院士"叫"三嫂"，她没有接受过正式的教育，作为香港大学的基层员工——男生宿舍的服务人员，却赢得了大家的交口称赞。"师者"的定义，于她，是对学生"雪中送炭、无微不至"的关怀，是触及心灵"纯粹的温暖"。她被学生称为"妈妈"，她关心学生的学业，关心学生的身心健康，更引导孩子们建立正确的价值观。她与学生唠家常，她为学生做补品，她"拎出颗心来对人"。不是师者，胜似师者！触及心灵的教育，把有形的教育蕴藏于无形的爱与关切中，这当是师者的至高境界。

这一年，我深层次地走进了于永正。一位情愿守在教学一线的教育家，一位"教了半辈子的书，最终，把自己教成了孩子"的教育家，一位从不放弃追求的教育家。师者，于他而言，是"学高为师，身正为范"，是在成绩面前，善于归零的追梦人。读过于老的书，看过他写的文章，他在病中，仍保持乐观的心态，在可怕的病魔面前，泰然自若，让无数人赞叹。他的身上找不到浮躁，找不到轻狂，找不到傲气，有的永远是学习者的虔诚，有的永远是学者的恒心，有的是师者的鞠躬尽瘁。纵观我们的社会，能在成绩面前保持平和的心态绝非易事，而能在接踵而至的成绩面前保持平和的心态就更是难上加难。"宠辱不惊，闲看庭前花开花落。去留无意，漫随天外云卷云舒。"师者的超凡脱俗境界，师者之表率！

这一年，我听说了大学时的校领导、官至副厅级干部的曲建武教授辞官回到了教学一线，并担任起辅导员。在前些天的新闻报道中，这个消息得以证实。师者的定义，于他，或许是三分平常心，学问的吸引力远远大于官位；这一年，我认识了吻别讲台、选择支教的浙江省数学特级教师盛志军，在金钱、名誉与自己对事业的追求之间，他选择了后者；这一年，我认识了八旬高龄的浙大教授蒋克铸，他选择站着 3 小时上最后一课，他要把自己的经验都毫不保留地教给学生，他认为站着上课是老师的最基本素质；这一年，我认识了单腿跳跃上课 19 年、装上假肢后将教师之路走下去的山东枣庄"单腿教师"孟凡芹；这一年，我认识了身患癌症，每日往返 120 多公里却依然不耽误学生课程的"90 后"教师陈莹丽……

师者的定义，在岁月的更替中，会呈现出不同的色彩。但只要将生命与智慧投入其中，让自己的专业成长与人生价值在三尺讲台得以最大化的实现，师者的定义必然增辉！无论是对于那些已然成为岁月过往的逝者，还是那些依旧奋战在一线的生者，师者，是教育行至高远的奠基者！无论是对于那些大师级的教育家们，还是那些被淹没在人群中的普通教师，师者，是教育锐意创新的探索者！

师者，当在行进中反思，当在实践中领悟！师者，手持一支粉笔，两袖清风，立于三尺讲台。

2018 年 1 月 8 日晚

摔打的人生

——观《摔跤吧，爸爸》有感

原本没有什么特别的期待，我只是看了朋友圈里大家纷纷为这部印度电影点赞，所以原本对印度电影没有什么太多偏爱的我趁着星期天的忙里偷闲带着儿子去看了这部电影。看过之后，我的感受是好似对儿子进行了一次刚刚好的教育。

一部励志电影、正能量很强的电影，不仅在于它的燃情与催泪效应，更在于它展示了深沉的爱——父母之爱！看着儿子被电影深深地吸引，我欣喜于这种无形的教育会慢慢地在儿子的身上起作用。当他用稚嫩无比的声音告诉我："妈妈，这部电影告诉了我们无论男孩子还是女孩子，只要特别努力，一样可以成功；还告诉我们每个人的成长过程中，爸爸都付出了特别多!"我知道，儿子长大了。虽然作为妈妈的我在这次实战的教育中有些败下阵来，儿子对爸爸的崇拜和付出到了极点。但是，他能明白这些，已实属不易，我感到了由衷的欣慰！

电影讲述的是马哈维亚·辛格·珀尕打破传统的思想观念将自己的两个女儿培养成国际摔跤名将的故事。他自己曾是印度国家摔跤冠军，因生活所迫放弃摔跤。他希望有个儿子可以帮他完成梦想——赢得世界级金牌。但是天不遂人愿，他接连有了四个女儿。本以为梦想就此破碎的辛格却意外发现女儿身上的惊人天赋，看到冠军希望的他决定不能让女儿的天赋浪费，像其他女孩一样只能洗衣做饭过一生，再三考虑之后，与妻子约定一年时间按照摔跤手的标准训练两个女儿：换掉裙子、剪掉长发，让她们练习摔跤，并赢得一个又一个冠军，最终赢来了成为榜样激励千千万万女性的机会……

在那样一个女孩子从出生开始就注定了人生轨迹的国度里，在那样一个封闭的印度小村庄里，在那样一个经济拮据的家庭里，这位伟大的爸爸做到了！女儿成功地获得国际大赛的冠军时，他流泪了，虽然因为那个倍显官僚的国家队教练使诡计，使得他未能在赛场上亲身感受女儿胜利的喜悦，但是听到国歌响彻赛场时，他的泪水夺眶而出！

谁的人生不是"摔打的人生"？这是这部电影一结束，首先闪现在我脑海里的话。电影中这位爸爸的人生是起起伏伏，他本可以实现自己的梦想，但是在残酷的现实面前，他放弃了，庆幸的是他的努力获得了回报，他的女儿没有辜负他的期望。或许有人听到结果，只会了解他女儿获得金牌，却又有多少人知道他为了女儿能获得一块专业的训练垫子而放弃自己的尊严去央求那位官员，只希望能资助他一点儿钱！为了女儿能获得最好的营养，他又会跑去与店家商议，以自己能出得起的最高价格给女儿买些鸡肉！他对女儿的爱是溢于言表的！

他在经历了自己摔打的人生后，用摔打加摔打，摔出了女儿灿烂的人生！

任何有浓度的教育，有质量的教育都势必带着痛苦与坚持的色彩！痛苦是会伴随人生的整个学习和成长过程的，是不可回避的一个话题！超乎寻常的意志力和忍耐力，才可经受春蚕蜕皮，凤凰涅槃！经过锤炼和摔打，人生才能呈现出别样的风采！

我曾不止一次地坦言，我不希望自己成为那样"凶残"的家长，为了孩子不输在起跑线上，为了能让孩子未来有更强的竞争力，拼尽自己的全力，只为摔打，结果却依旧未知！可是现实的世界是如此残酷，我又顶不住社会的洪流和巨浪，不由自主地进入到这样的"揠苗助长"的大军中来。

孩子的成长，有时着实超出家长们的预期，我把它喻为神奇的过程。遥想当年那个被我抱在怀里、无条件依赖父母的小不点儿，那个在幼儿园哭着、一心就想回家的小泪人，如今天已然变成一个与我手牵着手、一路走一路说一路唱的少年。我忽然明白，有些时光再也回不去了，我能做的恐怕只有——尽量给予你我的关爱、尊重和信任，学会放手，让孩子自己去捶打属于他的人生！

我曾读到过这样一段文字：将双手攥紧，如果手里是一捧沙，会加快漏失的速度；如果手里是一束光亮，会导致它的逃逸；如果手里是一个生命，会让他有窒息的感觉。放手，也许是为人父母者必备的智慧之一，因为每个孩子最终都会成长为一个独立的生命个体。所以，好多事，你要去做，你要去扛，你要去面对和承受！

我看到了电影中最后爸爸的放手，看到了那位摔跤冠军爸爸对孩子的尊重和信任，毕竟父母在属于孩子的人生舞台上永远是配角。我相信每个家长最终都会不得不放手，如龙应台在《亲爱的安德烈》中所写到的那样："孩子，我要求你读书用功，不是因为我要你跟别人比成绩，而是因为，我希望你将来会拥有选择的权利，选择有意义、有时间的工作，而不是被迫谋生。当你的工作在你心中有意义，你就有成就感。当你的工作给你时间，不剥夺你的生活，你就有尊严。成就感和尊严，给你快乐。"

捶打的人生，只有个人去经历，才更具有意义！捶打之中，父母，尽管心痛，却必须只是旁观者！因为那是孩子——你的战场！

2017 年 5 月 22 日深夜有感

第二部分

思 "享"

做教育的深情凝望者

——观《朗读者》有感

　　一档朗诵节目火了，那就是董卿担任制作人的情感类访谈节目《朗读者》，一时间，在神州大地上掀起了诵读的狂潮，各种朗读、诵读、情感倾诉类的节目扑面而来。董卿曾介绍节目时说，这不是一档语言节目，而是人生和情感访谈类节目，不同的是它借由朗读的形式将文字和情感传递给大家。节目到底传递给观众什么呢？

　　每期节目，我都会守在电视机前观看，那种发自心底的感动会让我饱含泪水，朗读者们的情真意切的经历和故事总能引起我的共鸣。有时和身边的同事或是朋友交流，会发觉许多人有同我一样的感受，当然我们不排除这其中的套路、做作或是作秀的成分，但是它却真正从某种意义上体现了一个"情"字。这种情就是发自心底的深情，发自心底的真情！

　　在当下的中国社会，着实需要这种情的力量！我们呼唤生活中的真情，它是我们生活得以继续和前行的一种支撑和信仰；我们呼唤工作中的真情，它是我们工作中理想得以坚持和延续的一支"强心剂"；我们更从心底呼唤生命中的真情，它是我们生命中最最渴盼的一缕春风和一丝阳光！

　　由此，我不由地想到了我们的教育事业，面对讲台下渴求知识的双双眼睛，面对一个孩子背后若干注视的目光，面对我们赖以生存的那棵大树——我们的工作，作为教师的我们又当投入何种真情？让我们把这份真情投入到教育中，我们会不自觉地感受到那份真情其实更多的是源自我们的理想与信念！没有理想与信念，我们对教育的真情就好似空中楼阁！

有人说，中国教育的希望在民间，就在我们千千万万一线教师中间。记得肖川的《教育的智慧与真情》中有这样一段话：没有真情，生活就是无边的荒漠，"教育"也就只是一种敷衍和应付，会失去情趣和艺术，才情就会逐渐地枯萎，生命之花就不能得到醇美的滋养，而没有情趣和艺术，理想、信念、智慧与真情，就缺少了最有力、最动人的表达方式。而我们也会陷入无边无际、没完没了的挣扎之中。因此，我们的真情是需要以理想和信念作为支撑的！

当离开了理想和信念，智慧不过是"功利"的"助速器"，"真情"也必将成为虚情假意的"遮羞布"。我们是否认真地思考过：为什么同样的教育教学方式，在以前对学生的教育效果是事半功倍，而面对自己目前的学生来说却是那样苍白无力？那些发自内心深处的真话被拿来面对现在的学生进行教育时，为什么有时连我自己都怀疑？试想连自己内心深处都不能相信的，又如何能打动学生、改变学生呢？唯有饱含深情的理想与信念才不会因岁月的流逝而改变，不会因困难的围追堵截而动摇，而是会与时代的要求交相辉映，从而更具创新的动力和时代的气息！

总有一些时候，我们静下心来，思考人生，品味生活，会不经意间回望曾经的纯真。而于教育，我们会不难发现纯粹的教育才是教育最最宝贵的品质，而我们想要做到这一点，最不可动摇的就是那份对教育的理想与信念。用真情与智慧，努力做教育的深情凝望者！

2017 年 5 月 4 日

最难得的那份坚守

——观《人民的名义》有感

《人民的名义》收官了，但是关于它的话题却远远没有结束。各种关于这部电视剧的议论满天飞，引起了全国上下的关注。不仅如此，据说还引起了国外电视台的巨大兴趣。一部电视剧，何以引起如此之关注？一部反腐倡廉的正剧，怎么能达到如此？更有省份规定党员干部必须观看这部电视剧，并写观后感。

我需要说明，我的观看和观后感都不是有关部门的要求，完全是出于个人的兴趣。看完这部电视剧，我总想拿起笔写点儿什么，因为内心中的感受良多！我仔细地思考，之所以我喜欢这部剧，不仅仅是因为这部剧本身充满了正能量（从现实的角度出发，它的确是一部上好的写实剧），更多的是因为其中折射出来的人生中对于诸多事情的那份坚守最能引起我情感上的共鸣。

在观看这部电视剧时，最让我感动的是陈岩石和易学习。他们身上的坚守实在难得，一心为党和人民的事业，不去谋取半点儿私利。陈岩石辞世的那集，我泪如雨下，是发自内心的一种感动，是发自内心的一种难过。易学习的家里那集也让我印象颇为深刻，做任何一份工作，他都把自己满腔的热血倾注。当然，有许多人会质疑现实中到底是否会存在这样的干部？毕竟这只是一部艺术作品，经过了艺术的加工。我觉得我们生活中，具有这种坚守精神的人是大有人在。

我们听说过身处大山深处的民办教师数年守在那里，只为实现自己的教育理想；我们听说过孝顺的孩子带着父母上大学，只为尽自己那份为人子女的义务；我们听说过一位退休的语文老师选择拾荒并用自己换得的钱去资助家有困难的学生，只为传递那份美好；我们听说过一对夫妇守在祖国的孤岛上，只是一份工作，他们的付出却远远超过我们的想象！那一份份简单的坚守可能就是几十年，靠什么？归根结底，靠的是内心中的那份信仰。

工作之初的几年，我曾数次假设，如果1999年的高考，我多考了那2分，如愿地成为一名法律工作者，我的生活会如何？我也曾数次追问自己，对于当一名人民教师的信仰是否坚定？我坦言，当老师不是我最初的人生理想，但是既然做了，而且很喜欢这个职业，那么能做的就是坚守下去！

几天前，一个毕业多年的学生突然打来电话，几句闲谈中，我了解到他已经在工作上小有成就，但是遇到了一点儿困惑，希望能得到我的帮助。接到他的电话，我深感荣幸。在询问他自己的初衷后，我鼓励他选择去支教，不要犹豫自己的选择！

"赵老师，选择做一名老师，您后悔吗？"

"后悔与否，完全取决于你内心中是否热爱。如果，你热爱你的事业，你不会感觉到后悔；但是如果没有了那份热爱，或是说那份信仰，事业变成了你养家糊口的工具，那么就会备感疲惫，后悔不已！"

"您对教育事业有信仰吗？"

"你老师我没有那么高尚，只求不愧于心！"

"赵老师，其实我选择当老师，是受了您的影响；所以这次在决定去不去支教的问题上，我首先希望得到您的支持！"其实他早已经有了选择，只是需要别人的进一步认可和鼓励……

能够选择坚守，需要勇气和付出，但如若能实现，那又是生命中其他不可比拟的美好！是啊，我们的教育事业何尝不需要这一份坚守？无数的教师用青春和热血诠释了师爱的真谛，用爱心和良心浇灌着民族的希望，用智慧和忠诚创造着教育奇迹，用执着和坚守铸造了骄人的业绩！他们的生命因奉献而格外的美丽，他们的事业也因坚守而无比辉煌！

　　坚守是事业的基石。我们当用质朴的爱去播种希望，用微薄的力量去改变环境，为人师的事业，铸造人的灵魂；奉献是师爱之魂，教育是值得我们用一生付出的事业，没有学校、没有教育、没有学生，我们的心就会被掏空；追求是事业前进的动力，每一个有追求的人都渴望有所作为、有所建树，每一个有良知的人都不愿碌碌无为地活着，怎样才能使自己活得充实而自豪，让自己的人生既有益于社会又能成就自己呢？踏踏实实地工作，带着一颗平常心，如陶行知先生所言"捧着一颗心来不带走半颗草去。"。

　　正如前人所说："把平凡的事做好了，本身就不平凡了，把简单的事做好了，本身就不简单了。"

2017 年 5 月 3 日

奶、蜜、盐是孩子成长的动力之源

——读《奶蜜盐》有感

看了众多网上的书评之后，我买回一本纸质的《奶蜜盐》开始读起，我在书页上写道："尝试做一名理性的家长，营造的是孩子一生的幸福。"作为一名老师，我已然有近 14 年的教龄，可是作为一名家长，我的时间并不长，我几乎缺失了儿子成长的最初几年，但是自从他上了小学以后，我越发觉得他的教育问题已然成了我最大的课程。

这本书被誉为家庭教育第一规律，其中所表达的育儿教育理念，我个人很是认同。看过之后，我觉得我一直在教育学习的路上龟速行驶，以至于用了好多错误的方法来教育引导孩子。现实中的我似乎总是拿自己的一些理念来约束孩子，以"高位"的思想来管理孩子。我渐渐地发觉好多时候孩子无奈地接受只是一种被动的认可，这样的教育不是我想要的结果。于是，我开始焦虑无措！《奶蜜盐》给了我想要的答案！

奶，意味着给孩子充足的原动力，从满足孩子的本能需求开始。很多时候，我们总会在不经意间抱怨现在的孩子缺乏挫折教育，追根求源，还是我们给予他们的安全感不够。无论是学校教育还是家庭教育，都要努力给予孩子充足的安全感，用爱给孩子营造良好的成长环境，而当他们感受到足够的爱和温暖，就会产生出一种力量，推动他们健康成长。关注精神世界的成长，就是给予他们动力，才能激发他们学习和生活中的积极性。如若这样，即使他们遇到困难，也会有充足的动力去克服。面对学习或是生活中的失利，他们也会释然的。事实上，在孩子的成长中，"奶"决定着后期孩子的"精神世界"。

蜜，童年幸福，才经得起社会捶打，让孩子认识与体察"好的世界"。相信每个孩子都有自己的路，而这条路父母永远无法代替，更无法去设计，能做的，只是帮助他们成为他们自己。在这个过程中，我们更要尝试着把每个孩子当作天鹅一样去鼓励。因为他们的心中都会有一个潜在而强烈的愿望，就是得到认可，并在认可中得到自我肯定。与成年人相比，孩子终究是孩子，他们充满自信，他们心态阳光，因此，多一些掌声与鲜花，多一些肯定与鼓励，去激发他们的内驱力，教会孩子们懂得如何去悦纳自我，欣赏这个世界的美好的一面。"蜜"是孩子一生的甜蜜之源，会让孩子认识和体察到一个美好的世界，并最终在这个美好的世界里成为一个酿蜜的人。

生命之盐，让孩子成长举重若轻，人生总是与各种挑战相伴，父母帮助孩子成长，要学会放手，帮助孩子减少对亲情和家庭的依赖，就是给孩子一种最好的品格的培养。要帮助孩子树立规则意识、责任意识，培养孩子良好的行为习惯，在孩子的教育上要做到收放自如。孩子如同在空中飞翔的风筝，必须有一根线始终牵着，不然，风筝就不会飞得好。

盐，性格塑造决定孩子未来的格局。我们的人生最缺的往往是品格与智识的"盐"。

最好的教育，是用心灵赢得心灵，用心付出，才能获得真心的回报！"足够好的父母"一定是深谙童年秘密，懂得捍卫童年的人。"只有那些已经长大，但却仍然保持童心的人，才是真正的人。"的确，解决许多看似困难的问题，其根本在于转换我们的视角和立足点，积极去寻找问题的解决方案。俯下身来，看待他们，无论是学生还是自己的孩子，我们会发现许多未知的事情，成长的过程必定是一个缓慢的过程。

　　读完此书，我回味良久。静静回望自身的成长，守望育儿的幸福。我知道学做"最好的教育"，学当"足够好的父母"是永远的课题，更是一世的修行……

　　　　　　　　　　　　　　　　　写于 2017 年儿童节前夕

执着的教书人
——读《魏书生评传》有感

有人说，读懂一个人也许要一辈子。但是，幸运的是，我得到这样一个机会去读懂魏书生老师，感谢于月萍老师的《魏书生评传》，更感谢学校举办的书香校园活动。读罢这本书，只想提起笔写点儿什么，只为灵魂深处又一次经历了洗礼。

提起魏书生，在今日的中国教育界无人不知，无人不晓。我曾先后两次有幸听到他的讲座，也曾拜读过他有关于班主任工作的著作，而这次读《魏书生评传》却又一次让我从立体的角度来看待魏书生先生。《魏书生评传》一书对这魏书生老师从执着走上教师岗位，到全心全意帮学生想办法去解决困难，再到他指导老师上好课的全过程做了很好的回顾和总结。关于魏书生，教育界人士有众多的评价，但是于我，最打动我的却是他骨子中的那份执着，他的执着与坚定铸就了他今日的成功，使得他成为名师、成为专家！

他的成长之路并非一帆风顺，他付出了常人难以想象的艰辛，他所提倡的教学改革更是经历过挫折，经历过失败，甚至经历过被学生、家长、社会的不理解。但是，这些苦难并没有磨掉他的意志，相反，更是激发了他顽强的斗志，最终他表现出来的是一种豁达开朗的胸襟和奋发向上的精神。

耐得住人生的寂寞。魏书生先生是位耐得住寂寞的人，在他身上，我们能看得出，他对教学事业的追求。古往今来，凡成大事者，需不计一时得失，有"不求一生，但求万世"之志。厚积薄发，方能一鸣惊人。其实，这不凡正是来自于他们的平凡，来自于他们坚强的意志品质，来自于他们日复一日、年复一年默默无闻地辛勤耕作。转眼间，我已从教 14 年整，有过犹豫，有过迟疑，有过挣扎，有过落寞，但是那些都成为过去。做自己应该做的事，做自己能做之事，于自己，心安；于自己，无愧！当是我灵魂深处追求的目标。"做自己喜欢做的事是幸福的；做自己喜欢的事，还能养活自己的，是最幸福的事。"能把自己喜欢做，能养活自己的事，做成一份事业，提高自己的人生价值，就是最幸福的事！魏书生老师做到了！既然认定自己的职业，那么我们就应该努力把职业变成自己的事业。这条路虽苦，但是人总要还是有一点儿追求和梦想，这样人生的宽度和深度才能增加。

守得住教学的阵地。魏书生先生尊重科学，按规律办事，他所有的教育思想和教学实践无不渗透着科学。他尊重学生，他守护人性的忠诚，他忠贞于科学，即便是他在"文革"期间遭受打击，他也始终没有终止过对真理与艺术孜孜不断的追求。他实事求是，从不弄虚作假，守得住科学的阵地。与之相比，时下的社会中浮躁之气到处滋生，有些人把权威当真理，把时尚当进步，这其实是一种对科学精神的亵渎。古人云，"大丈夫行事，论是非不论祸福：士君子立言，贵平正尤贵精详"，正是像魏书生这样的名师大家们修身立业之写照。

坚持自己反思和教育。学，然后知不足；教，然后知困。魏书生之所以为名师，是他总是不忘查找自己的不足，始终在不断地追求、不断地探索，坚持自我否定、自我完善、自我反思。反思不仅是一个人思维走向成熟的标志，更是一个人能力进一步提高的有效途径。"吾日三省吾身"，亦是圣人之所以为圣人，名师亦之所以为名师之缘由。

抱有教育情怀和感恩之心。真正有教育情怀的人不会过分计较个人的得失，不会在物欲横流的社会中迷失自我，他们有自己的教育情怀，有自己的底线。他们可以放得下一切功名利禄，却始终放不下对社会的责任；可以丢得下一切恩怨得失，却丢不下自己的学生！魏书生先生就是这样一位老师，他平淡而冷静地面对自己人生中的各种境遇，心中常怀一颗感恩之心，最终也成就了自己的教育梦想。

魏书生曾说过，"杰出人物之所以杰出，在面临任何不幸和困难时，始终有战胜困难、实现理想的信念。"狂风肆虐的力量，永远比不上太阳的温暖。爱的力量就像一种魔力，它能催生强大的力量。做魏书生老师的学生是幸福的，因为他内心深处对三尺讲台的热爱，让他的教育教学成为他挥洒爱的载体。

读了《魏书生评传》，他仿佛也成了我的老师，教会我为了爱而执着，为了爱而读书，为了爱而设身处地地为我可爱的学生们想办法，做他们的行为训练师，做他们学习的好伙伴，做他们心灵的抚慰者！

而我，则选择做那个执着的教书人！

2017 年 7 月 14 日

努力学习就是一种责任

——读武汉六中高三老师"最燃"演讲有感

读罢网上疯传的一位老师的"最燃"演讲，颇有感触。早想静下来写点儿什么，但是开学之初的一系列的调整与适应使得我无暇更新个人公众号。但是，有些话，不吐不快！不单单是作为教师，我们要去教育我们的学生，而更多的时候，责任意识应该成为我们生活的准则、我们良心的底线！

巡查自习时，我总会发现一些学生心不在焉地学习，每每看到他们的小动作，我都很是生气。在我看来，不，或许在任何一位老师看来，课堂本是学习的场所，是知识的神圣殿堂，学生怎么会如此？他们不是不知道自己已然上了高中，不是不知道自己的学习压力，不是不知道自己的父母对自己的期望。但是，对不起，遗憾的是，他们做不到！是不良习惯使然！而不良习惯的背后就是缺乏一种责任感、一种责任意识！

这位老师的演讲，我想也是旨在呼唤学生内心深处的责任意识。"人生很贵，请别浪费！"正如她在文章最后所说："孩子们，我们并不要你鞠躬尽瘁，但要全力以赴，不要你透支，但必须尽力。尽力也许并不能让你的未来无忧无虑，但是，至少会让我们的明天无怨无悔。"情真意切的话语间，给人以启迪，提振人的精神，激发人的责任意识。

说到责任意识，我就想起了今年暑假旅游时遇见的导游，一个责任意识和观念很强的人。我很佩服他的言谈，更感叹于他的个人经历。他曾经是九寨沟地区小有名气的一个民歌组合的领唱。本来，他可以选择去大城市发展他的事业，但是，他选择了留在父母身边去照顾他们，放弃了自己的梦想。因为在他看来，这是他一生的责任。他说他之所以选择做导游，是因为他要放下过去，做自己能做的事情，尽自己对家庭的责任。他不介意让我们上网搜索他的历史，他很享受他目前的生活，"人活着，就要尽自己的责任！"是他挂在嘴边的话。

是啊，所说的尽心尽力就是肩负起我们的责任。而尽心尽力去做一件事情，我们一定会享受这其中的过程。责任，两个字，看似轻巧，却重如泰山。因为它背后所承载的意义是那么重要，培养学生的责任意识之路任重而道远！

我们应该教育我们的学生理解：努力学习就是一种责任！是一种使命！为了这份责任和使命，就必须学会放弃，学会付出，其实这也不仅仅是学习的需要，更是漫长的人生道路必备的一种品质。因为，其实人生本身就是一种责任，不是因为简单的执着，而是因为值得。所以，无论是面对繁杂的工作，还是堆积如山的学业，抑或是生活中的鸡毛蒜皮，我们应该做的就是踏着其中的琐碎，捡拾快乐的碎屑，踩着人生的烦恼，带着责任一路前行！

2017 年 9 月 4 日

核心素养离我们多远

——听程晓堂教授"英语学科的核心素养"有感

去年底,"核心素养"落地开始,我们从各大媒体中不断地听到这个词,学科核心素养的培养迫在眉睫,但是仔细地推敲起来,作为一线教师的我们又不禁想问:核心素养究竟离我们多远?

首先,在我看来,核心素养的培养的前提是激发学生对所学课程的兴趣与热爱。但是实事求是地讲,现行的高中英语教材实在难以激发学生的兴趣与热爱,尤其是我们使用的外研版教材,讲了十几年的老教材,早已与现实中注重语用的现实语言相脱节。可是教材就摆在那里,能怎么办?突破就在于进行有效的课程整合,树立一个英语课程的观念,而不是学科。我曾经听过浙江老师的一节公开课,所讲的内容是一篇颇具教育意义的美文,主题又有一定的教育意义。那么,我们的英语课堂为什么不能学习呢?兴趣是最好的老师,比起死气沉沉的课堂,我个人更希望英语的课堂能活起来,而活的关键就在于调动学生的主动性。主动性有了,学生就是学习的主体,学生就有了学习的主动权,学生就是学习过程的主人。

遥想我当年高考时填报"英语教育"专业,完全是出于自己对英语学科的喜欢,以至于曾经在梦中吟诵英语。我是幸运的,因为我毕业之后所从事的专业与我所学的专业关系紧密。在学习英语的过程中所形成的对学科的领悟与能力成为我从教以来教学中使用的重要工具。我一直十分感谢我的英语启蒙老师——我的父亲。在我学习英语最困难的时候，是父亲把我带进了英语学科的大门，并就此培养了对英语的兴趣。也就是那最初对英语浓厚的兴趣，让我在学习英语中逐渐寻找到了快乐。

因此，改革的主阵地依旧在课堂，改革的主导者自然是老师们，不是所谓的教育教学专家们，不在教学一线，或许是无法体会到课程与课堂、成绩与能力、素养与教学，这其中千丝万缕的联系。

其次，核心素养的培养不是一朝一夕完成的，需要一个完整的体系架构。素质教育讲了这么多年，我们的效果如何？一线的老师们不是抵触改革，而是希望在改革的过程中有章可循，不至于成为"换汤不换药"的"鸡肋"。如程教授所言，核心素养是指个体在解决复杂的现实问题过程中表现出来的综合能力。核心素养不是简单的知识或技能。它是以学科知识技能为基础，是整合了情感、态度或价值观，能够满足特定现实需求的综合性表现。素养是知识、能力、品格的结合体，英语学科的核心素养涵盖了语言能力、文化品格、思维品质、学习能力等四个方面。

既然这四个方面是一个有机的整体，那么就语言能力而言，现实的英语课堂是知识讲解过多、技巧训练过多，语言能力的培养微乎其微。试想一个高三的英语老师带学生听录音、做对话，会不会遭到学生及家长的反对？答案我们不得而知；有多少英语老师会注重了对国外文化的层次渗透，更别谈情感态度和价值观的教育；思维能力的培养更是流于形式。

我们看到的是学生跳进了题海，扑进了试卷中，却没有办法阻止；我们看到的是学生在学习英语的道路上爬行，却教不了孩子好的方法；我们看到的是学生对传统英语教学的厌恶，却没有勇气去改变；我们看到的是核心素养是纸面上的文字，却看不到我们教学中的实际行动！

核心素养离我们很远，我们作为老师，更渴望它能增加更多的实际操作性；核心素养离我们很近，那是学生必备的一种学习能力，一种思维能力，一种文化品格，一种语言能力！

当我写下这篇文字时，我的办公桌上堆满了试卷，我的教材上已经用笔圈注了重点，我不是特例，只是千万个高中英语教师中的一员。把学习的快乐还给学生不是一句口号，培养学生的能力也好，素养也罢，确不该是讲讲、说说、谈谈的事。教育，需要实在的付出，需要十足的努力！教育，真的不能简单！

对着繁星满天，许下心愿：愿学生们享受到学习的快乐！

2017 年 9 月 13 日

说说"中国式悲哀"

——有感于新闻报道《中国式悲哀：
英雄枯骨无人问，戏子家事天下知》

记得前些年，娱乐新闻中有一件印象深刻的事"汪峰上头条"，有好几次，我把这件事拿来做例子，学生们总是很买账，看来，他们对此事的看法与我大抵相同。打开网络，便可见网上铺天盖地的新闻是关于王宝强离婚案或是某某明星的花边新闻。公众的视线里好像只有那些所谓的娱乐明星、体育大咖们！

我曾数次在上课举例时，以一些重大的新闻为背景，而学生却知之甚少。那些先进的科技成果新闻、那些复杂的国际政治形势新闻，再或者那些德高望重的科学家的故事，又有多少人去关心？网络时代下，信息高速传播的今天，正能量的传播与导向又在何方？谁也不能否认网络时代中信息的传播的优势，但是其弊端也一样无法回避。名人效应的作用已经无限地被扩大，他们的一举一动都曝光在公众面前，好与坏，对与错，"仁者见仁"，但是我们的青少年是否有这样一种强大的鉴别能力呢？对此，作为一名教育工作者，更希望正能量的传播能铺天盖地，毕竟，青少年们的世界观、人生观和价值观还在构建之中！

在无意中，我看到了"78岁院士走红，幽默回应"的新闻，深为其身上的精神与品质所折服。78岁的院士刘先林坐二等座出差，那张白发苍苍、赤脚旧鞋，却仍笔耕不辍的照片让网友们纷纷点赞。刘先林院士在接受记者采访时，出镜的办公桌可谓已经是"破落不堪",但是刘老本人笑谈,认为自己即将退休,没有必要再换新的办公桌了。对于他本人在网上的意外"走红",他表示出了自己的苦恼,"我只想干自己喜欢的事儿,我不想引起过多关注,也不想耽误时间。"看后这条新闻,我想任何人都会心起波澜,这才是我们国家和民族的脊梁,务实科研,简朴生活。他追求的东西,早已不是物质生活的层面,而更多的是精神层面,一种自我价值的实现和社会价值的体现。

87 岁的袁隆平在今年的第十届海外高层次人才座谈会中,用流利的英语进行了一次演讲,倍受国人尊重的老先生飚英文向世界介绍超级杂交水稻。网上报道了此事。在本该"颐养天年"的年龄,袁隆平却依然奔走在田野中,做着自己的"禾下乘凉梦"。在他令人骄傲的科研成果以及辉煌的荣誉背后,是一段充满艰辛与梦想的故事。他在拒绝从政时,曾这样说:"我们一生有很多东西需要坚守,如果浮躁了,就难以看清事物的本来面目;有些事情,我们也要勇于放弃,必要的放弃,是另一种意义上的坚守。"

这样的新闻在网上有一定的关注度,但是比较明星们的事儿,这些却被冷落在角落里,就如前些天我看到的新闻,"中国式悲哀:英雄枯骨无人问,戏子家事天下知",讲述了为中国建造了"天眼"的南仁东先生去世,却不及明星求婚的新闻被公众关注,文章更是直接指出:"不关心科学家是时代的悲哀!"而南仁东先生更是这样评述自己:"我谈不上有高尚的追求,没有特别多的理想。人总得有个面子吧,你往办公室一摊,什么也不做,那不是个事。我特别怕亏欠别人,国家投了那么多钱,国际上又有人说你在吹牛皮,我就得负点责任。"他更希望在他走出了这一步后,后面还有人跟着走下去,他就心满意足了。这就是干实事的精神,这也是我们时代所需要的精神,更是我们需要培养我们的青少年应该有的精神!

我们经常说,中国的国力已经超过德国、超过日本。但是,如果公民对于科学的认知不充分，甚至不关心科学的发展，只是去刷刷手机，看看无关痛痒的新闻，不去关心应该关心的事情，那么这个国家的希望很渺茫。又如果，我们的青少年，本应该在学习科学、追求科学的道路上求索，却被一个充斥着与社会正义、核心价值观相悖观点的信息圈所包围，那么他们的前途自当堪忧！因此，教育需要正能量的引导，需要教育者们更倾心的投入！

心向阳光，任何时候都不会感到寒冷；手捧玫瑰，走到哪里都能够散播芬芳。积极向上的正能量涵养心灵，更有助于推动社会和谐进步。作为教育工作者，更应该首先成为正能量的创造者、践行者、接受者和传播者。愿我们的青少年在一种正能量渐强的氛围中成长，愿中国式悲哀退出我们的视野！

2017 年 10 月 7 日

也谈衡水中学的"神话"

——听"金太阳"高考复习讲座后有感

学校请来了江西金太阳的高考辅导专家来学校给全体老师做高考一轮复习报告，近三个小时的报告里，我真切地感受到了高考改革步伐的加快，命题趋势的变化，高考形式的变化，少了许多"大"、"空"的套路，取而代之的是一些实际的做法和导向。而纵观整个报告，让我灵魂得以震撼洗礼的是对衡水高中的介绍。

提起衡水中学，当属全国名校，一座河北名不见经传的小城却因一所中学而闻名于全国，一所"超级中学"在多年来的高考中长久不衰！略显遗憾的是我没有亲自去感受衡水中学，但是我，或许也包括众多关注高考的人都了解在 2017 年的高考中，这所学校被"清北"录取的人数高达 176 人！

衡水中学的成功经验是什么？衡水中学真是"神话"吗？

一、浓厚的精神氛围，战不无胜

走进衡水中学，随处可见的就是其标语口号。它们几乎分布在学校的每个角落里，分布在校园路上、教学楼大厅里的倒计时牌上、学生宿舍，甚至学校印刷的笔记本上也有。我看到的有关衡水中学的报道上讲，学生们认为自己不好好学习，就是对不起学校、对不起老师、对不起同学。当然，我们不能说这些口号就是他们成功的原因，但是身处人人向上的氛围，对每个人都是一种潜移默化的影响。

衡水中学的教师团队是强大的，是一个个坚不可摧的团队。衡水中学的老师们在高压的工作状况下，一直保有正直刚强的精神状态和性格力量。正是因为他们身上的好的品质、觉悟、作风，才从最大限度上保证了教育效果。

有一位教育界的大师也曾说过这样的话：在日常教学中，教师的思想、品行、情感、意志这些内在的品质，会非常真实地、一览无余地呈现并暴露在学生面前，虽然这种东西常常处在教师的教育意识之外，但它对受教育者所产生的影响却是潜在的、深刻的。我想，这种精神层面的力量本身就是升学率！

学校就是一块净土，一块精神的领地、圣洁的殿堂。既然选择了教师这样一份职业，就必须朝着思想纯、境界高、有理想、有追求的方面努力，显然，这个历程中必会充满困难和艰辛，这种经历就是一种奉献！我曾拜读过"衡水中学"微信公众号中的许多文章，深深地为其折射出来的强大精神所折服！

二、把平常的事情做好就是不平凡，把惯例的事情做到极致

衡水中学把管理的方方面面努力做到了极致。报告中，也提到了他们所采取的种种管理措施，而这些措施，我相信很多学校和老师都曾用过，那么为什么没有得到衡水中学的惊人效果呢？细细想来，或许就差在那一种坚持，一种强大的决心，一种强大的执行力！

衡水中学并不是我们所想象的那种死学，各种活动他们也做到极致。他们有着丰富多彩的课外活动和体育活动，而这些活动已经形成一个固定的模式，一种约定俗成的惯例。他们对学生的教育无时无刻不贯穿在日常学习生活中，无论是每日的活动，还是每周和每月及年度活动，俨然是一个完整的体系。衡水中学的学生跑操被誉为"天下第一操"，"有一股子压倒一切的气势"。跑操的时候，每个班学生组成一个方阵，绕操场跑圈。队伍紧凑，

间距一致，步伐一致，速度一致。"跑操"，已经是衡水中学的一个符号。当我看过网上流传的视频，用震撼形容亦不为过！

衡水中学的时间管理精确到极致。高一到高三，衡水中学的学生们，吃、住都在校园，每两周放假过一次周末。在不放假的周末，学生们要和平时一样学习。据说校园内你见到一个学生，他的手里一定是拿着书，即便是跑操时到操场集合的片刻。

衡水中学把学生做题的潜力挖掘到极致。学生会做大量模拟考题，而这些模拟题并不是来自市面上现成的习题。有人说衡水中学的备考是"军事化备考"，更有人称之为"监狱化"，而事实是军事化也罢，监狱化也罢，这种极端的、剥夺自由的管理模式相应的回报，则是绝对的效率。还有重要的一点是学校、家长及学生可达成一致：牺牲此时此刻的青春和自由，相对于明日的回报，是值得的。纵观全国那些知名高中的管理模式，其共同特点大抵都是将学生培养成高效率、高精度的"考试达人"。

衡水中学把素质教育与应试教育完美地结合。在衡水中学，从不讳言追求高考升学率，更不回避应试教育。素质教育最本质的要求就是解放学生，唤醒学生的主体意识和探索精神，让学生主动地学习、积极地探究、生动活泼地发展。但是，素质教育并不排斥勤奋努力，而且其主要的阵地应该是在课堂教学中。据有关资料报道，衡水中学的学生自主学习时间很长，并实行开放自习、作业限时制和作业自助制。

三、安心地做公平的教育，方能获得收效

且不去评说素质教育的口号，我们喊了多少年，又改变了多少，也不去评说高考模式试点的省份所得到的荒谬结果（理科生不选物理学科作为自己的高考选考科目）。因为我们只是一线平常的教师，又能做些什么？安心地做教育，这看似简单而平常的要求却实在成了众多教师的奢望。"立德树人"的要求在今天召开的

十九大报告中又被提起，习近平总书记也在提"优先发展教育事业"。百年树人，我们仍走在教育改革的路上。距离广大一线教师所期盼的教育春天，或许还有些时日。

工作，是教师们安身立命之所在。我们看到近些年见诸报端的有关"教育公平"的呼声很高。但是更多的是集中在国家教育政策层面、教育资源的宏观配置方面如何实现教育公平，比如师资的调配、资金的流向等。我们只听说过某某老师去考公务员了，却没有听说某某公务员去考教师了，这不值得我们去思考吗？我们从源头上如何去吸引高素质的人走进教师行业，或许也是国家面临的问题。老师们的工作都很不容易，但是不容易与苦涩的背后，也许更需要的是一种平衡的心态。营造这种心态的基础就是公平的工作环境。一个学校，就好似教育的终端，它的办学品位的提高、人文精神的养育也需要一个公平的环境。

衡水中学有一个很重要的管理理念是：公平竞争。这样在解放学生的同时，也要解放老师。在衡水中学，事事讲究竞争，有人说衡水中学的师生每天都生活在竞争之中，每天都是步履匆匆、紧紧张张，来也匆匆、去也匆匆，快节奏、高效率。但是，公平竞争着实优化了师生的精神状态，极大地提高了师生的工作效率和学习效率。

我坦言，我很感慨于衡水中学的强大，但是我也毫不掩饰地说，他们真的很辛苦！正是这种日复一日、年复一年的付出才能构建其不败的神话。做教育，真心不容易，而放眼望去，又有哪一行业是容易的呢？做好一件事，一定是不容易的！而要想做好教育，定是一项艰巨的事业！当曾经的激情满满化作每日的奔波劳累，当曾经的信心满怀遭遇现实的一次次撞击，我们最该保留的就当属那份坚定的教育信念！

衡水中学不是神话，是实实在在的努力，是确确实实的汗水！不该让衡水中学背上违背素质教育的骂名！它只是应试教育大背景下的一种必然，就像人去爬山，有人以超越自我为兴奋点，有人以欣赏风景为乐却不一定想着到达山顶，而那个满头大汗的不懈努力到达山顶的人不应该被嘲笑！它，配得起你的掌声！

2017 年 10 月 17 日夜

把爱的背影洒向时光
——有感于网上热文"我走娃未醒……"

在上完晚自习,拖着疲惫的身体回到家时,儿子已睡,而当我今天早上离开家门时,儿子还未醒来。当我带着一份为师者的光荣与责任时,当我站在三尺讲台传道授业解惑时,我的现实生活就如网上流传的那篇热文的现实版:我走娃未醒,我归娃已睡;为师已无憾,为母心有愧……

于我,作为母亲,实则愧疚满怀!儿子或许能捕捉到的大多只是我离去的背影,这其中掺杂着他的太多的憧憬,他总是希望妈妈能早点儿回家,却也理解有更多的哥哥姐姐在学校里等着妈妈去上课;他总是希望早晨睁开眼睛,能第一眼见到妈妈,却也理解妈妈必须早到校;他总是希望妈妈能在休息时间陪他去学特长课,却也理解妈妈来之不易的休息时间是何等珍贵;他总是希望我能陪他学习、检查他的作业,却也理解妈妈真心做不到!也许是因为这种深深的愧疚,我总是愿意追问儿子,当我工作忙起来,不能照顾他时,他会不会不高兴?每每这个时候,他总会歪着小脑袋对我说:"你去工作吧!妈妈,我没事儿!"我有时甚至如此理解:或许在他的世界里,妈妈就是工作的代名词。当这一学年开学初,学校整体搬迁至市郊区,离家更远,如此一来,原本能利用中午接儿子、送儿子的平常日子已然成了奢望!倒是儿子反过来安慰我:"妈妈,你应该像男人一样坚强!别有点儿困难就退缩!我没事儿,我能听话,能让你放心!"

有人说，天下只有父母的爱最无私，因为这份爱的终点直指向分离！一如朱自清笔下的描述，背影总会带着些许的离别情思，难免让人多几分感伤。把爱的背影洒向时光，记忆中的花瓣会轻轻飘落，我寻遍那记忆的每个角落，探寻它的踪迹！回想儿时的我，如儿子这般的年纪，是那么依恋妈妈，不愿去上幼儿园，拽着妈妈的手不放开，那时，妈妈的背影于我而言或是几分无奈与失落，却也是一份成长过程中必备的痛，凝结着浓厚的期望；在上大学时，送妈妈回程，她的步伐里多了几分坚定，妈妈的背影于我而言或许是美好的祝福，新生活的开始；那年冬天，已是"准妈妈"的我无暇于家务，妈妈来我家帮忙打扫卫生，离开之时，她如叮嘱孩提时的我一般，她的背影于我而言或许是几分惦念与牵挂！感恩于父母，在花甲之际，却依旧为我所累，不求回报的付出或只为这相亲相爱的一场人世相逢！

把爱的背影洒向时光，时光会记载人生的每时每刻，雕刻成永恒的印记，深深地珍藏于心底。与爱人结婚时，我正担任高三年级的班主任，每天的晚自习都需要到学校值班，而爱人每天会来学校接我下晚自习，夜幕下，他的背影总带给我生活中最平实而又最美好的幸福感；而如今，由于工作强度的加大，我的下班时间越来越晚，晚上能陪家人的时间也越来越少，爱人没有抱怨，还总是说："放心吧，家里不是还有我吗?"每天下班回到家，刚刚走进楼门的我便会听到4楼的开门声，原来家人就是日复一日地、静静地等待着我。而回到家，看到爱人为家庭琐事忙碌的背影时，我总是想说一句：对不起……感恩于十多年来的牵手，在最安静的时光里，相伴彼此，即便是有我这个"大麻烦"，却甘愿做那个场边为我鼓掌的人！

把爱的背影洒向时光，放慢生活中匆忙的脚步，去感知幸福，去体会人生，或许生活也会在不经意间给你惊喜。当儿子刚刚成为小学生时，我和爱人送他去上学，面对儿子生活的新阶段，我的内心充满忐忑，而儿子却很是享受这过程。我牵着他的手，把他送到校门口，看着他蹦蹦跳跳地走进学校，背影里闪耀着成长的光芒，这于儿子而言更是一种历练与成长。有一天中午我送他去上学，恰逢下大雨，我一门心思地在想，不能让孩子淋到雨，而儿子却努力着想帮我打伞，嘴里念叨着："妈妈，你别被雨淋着！"那一天，看着他走进校园的背影，我的泪水与从天而降的雨水混杂在一起，奏响了人间最美的旋律，儿子那稚嫩的童音撞击着我的心房，满溢的幸福的佳酿！

　　为师者，幸福之源，不仅在于教育学生、学校工作，也来自于家庭。生活是一个整体，无法割裂开，故当以真诚如一的态度对待生活与工作，与周围的一切以良性关系进行互动，努力实践自身的自我价值，这或许就是我内心中给幸福时光下的定义！已过而立之年的我在奔赴不惑之年的道路上前行，继续思考着，只愿留给时光一个无怨无悔的背影！

2017 年 10 月 25 日晨

"勋"常人生，非凡几何

——写在聆听 82 岁沈勋老师的教学指导会后

　　记得朱永新老师曾对他心中的理想教师给出了这样的定义：我心中的理想教师，应该是一个坚韧、刚强、不向挫折弯腰的教师。的确，由于教师生存的环境不同，时代不同，各自的情况不同，各自又面对有着不同背景和基础的学生，作为一名教师当如何以一颗赤诚之心去对待自己的工作或许是时下每位教师都应该思考的问题。当我仔细听完我们学校数学组德高望重的退休教师沈勋老师所做的教学指导报告后，我找到了答案。

　　一本厚厚的册子，看起来是那么普通，里面却装满了他自己的教学心血，每一幅图，每一个定理，每一个类型题的总结，工工整整，没有一点儿涂抹的痕迹，超乎常人的专注使得沈老师练就了徒手画圆的功力；一摞发黄的期刊，每一本上自己曾经发表过的文章的题目都清晰记得，讲起来依旧头头是道，基于教学实践的探索与创新使得他远远地走在了同行的前面；五本自己的教学专著、习题集，更难得可贵的是他的书渗透的教学成果都是他原创的！在没有现代化网络与设备的时代，他一笔笔作图，一次次尝试，其中的辛苦我们可以想象。如果不是源于那份对教学工作难以割舍的爱，恐怕真的难以完成。也正是这种执着的精神使得沈老师成为高中数学的几何教学领域中的强者。

　　听沈老师这样讲：最初是没有人愿意教立体几何，学校的领导才动员他去教。既然决定了接受任务，他就一门心思扑在了教学上。每上完一节课，他都会修改他的教案，一份教案最多时修改过3、4遍；每上完一个学期的课，他都会在假期里"加班"，完成对一个学期教学内容的梳理；每讲一道题，他都要求自己讲的是典型习题、自己的原创习题，而不是那些市面上随处可见的"商业气息"浓厚的练习题……

著名的于漪老师曾说："育人先育己"。所谓的育人先育己就是说作为教师，如果要引领学生走好人生之路，需要自己的心中充满理想信念的阳光，需要以一种孜孜以求的精神去钻研业务，需要以坚韧不拔的意志不断地开拓创新。沈勋老师正是这样一位育人先育己的典范，为了让学生不盲目地跳进题海中，他先入题海进行研究和提炼。在无数的日子里，他就是本着极强的责任心与耐心去对待自己的周而复始的工作。

教书不应该单纯教给学生掌握学科知识技能，与知识技能相比，更重要的是在学习学科知识和技能中形成科学的思想方法、正确的观点及分析问题和解决问题的能力。这也和教育界自2016年提及的核心素养要求相一致。我想这也正是教书育人的真正意义所在。

沈勋老师用他的数十年几何教学工作实践诠释了教学的实质：教给学生智慧，教给学生能力；用他的几何人生书写了教师职业永恒的定义：学高为师；用他不忘初心的精神激励着他的一代又一代学生，更为成长之路上的青年教师指明了方向。当我们有幸欣赏到沈勋老师69岁时上公开课的画面，我们更是深深地为其折服。站在讲台上的他活力四射，幽默风趣，寓教于乐，以独特的魅力吸引着学生。在教学的路上，他从未曾停止过努力，他从未曾与不同的意见相妥协，他向往并追求着事业上的幸福！

于平凡、平静、平常之中，找寻自己的幸福与快乐之源！恒者远行，路要一步步走，期待自己耄耋之年，收获满满的幸福回忆！

2017年10月27日

非宁静无以致远

——写在 2017 年 11 月的培训

参加工作近 15 年，想来各种培训已然参加过多次，从这些培训中，我了解到学科最前沿的思想和知识，我学习到前辈们身上对待事业的执着与坚定，我更钦佩在教育的世界里从不停歇的教育大家们。但是，这次培训不同以往，因为已近不惑之年的我，行程过半，一直在思考着：作为一名教师，到底应该如何去规划自己的职业生涯？

在这次的培训班里，我目睹了省内一线各路名师的风采，除了赞叹和发自心底的羡慕，更让我体会到他们身上的共性。他们对于自己职业人生的规划都十分明确，换而言之，他们忙碌的生活带着他们实现着自己的教育之梦！

一位头发已花白而实际却年龄不大的沈阳某学校集团校长，敢于前行，在教育改革之路上打开了自己的一片天地，在分数唯上的今日中国教育中，博得了大家的掌声。学校的特色学生课外课堂涵盖了方方面面，从常见的音乐类课堂到我们不常见的魔方课堂，从常见的合唱队到我们不常见的京剧课堂，从常见的数学类兴趣课堂到我们不常见的机器人课堂。原来，在我们中国的教育一线，的确有人在实实在在地做着这些我们认为中国人可能还无力完成的教育改革攻坚。教育改革，需要的一份实在的勇气。这十足的勇气的背后，是改革者的教育梦想，它看似是一个人的梦想，却是中国梦在教育事业上的最佳体现。

中国的素质教育总是在路上，多少教育工作者总是在抱怨，抱怨着我们的教育现状：同行们都在争先提高升学率，却总是以"无力改变现状"为借口，躲过了自己作为教育者的那份责任。多少初高中老师在教授学生时，似乎更愿意把学生的种种不好归结为其小学的基础不好，其语言表述的基础不好，其学习的习惯不好，其思维创造力不好，而其实作为教师的我们可以为此做些什么？我们是否真的思考过呢？省实验中学的教务主任宋老师在做名师分享时，介绍了他们学校的语文特色课程体系，听了他的介绍，我真切地感受到：做他的学生一定很幸福！这种幸福来源于知识的积累，更源于这美妙的过程！从校园诗词会到文化知识习得，从校园朗读者到写作的比拼，这一整套寓教于活动的课程，让学生体会到的是语文之美、语文之妙！课程的改革与融合，当下是教育面临的实际问题，更是提高我们教育教学水平的途径之一。这让我想起了南方某学校校长由于把课程进行融合竟招致家长的一片骂声而最终不得不选择离开自己的职位。我无意评论其中的对与错，但是，课程改革的实质显然不是一件易事。我们呼唤着核心素养，我们期待着关键能力，从何而来？从做中来！课程改革，需要的一种豪迈之情！敢为他人所不为，敢为他人所不悦！

大连市二十四中学的物理奥赛教练杨雨平老师的报告更是让我别有一番滋味。突破自己，超越自己谈何容易！为了给学生辅导奥赛，杨老师需要学习大学物理课程，甚至需要向自己曾经的学生请教，她把自己的从教阶段分为成长、加速、保持最大功率三个阶段。难能可贵的不是她的付出，而是在成名之后依旧保持着一颗平常之心，依旧如从前那样努力，继续规划着自己的教育生涯。作为一个从教二十余年且为名师的她，到底在追求着什么？人活着，总要有一种精神、一种动力，而这种精神就是她的美丽教育梦！

如 92 岁的翻译界泰斗许渊冲先生，依旧在每日的凌晨完成当日的工作任务后方能入睡！如 91 岁的吴孟超医生依旧在为病人做手术！如袁隆平，我们的杂交水稻之父，已然 87 岁，却总是行走于田间地头，好似农民般地辛勤工作！如今天再一次倾听年近七旬的魏书生为我们做报告，而他说他三天之内，已做三场报告！如前些天报道的 58 岁因病去世的我国著名地球物理学家，在国外生活极其优越的情况下回到祖国，到去世前还在指导着学生做好科研工作！

这些人为了什么？显然不是为了经济利益，他们追求的梦想已然超越了物质层面。他们总在为自己的人生做着规划，为了完成心中的梦，永远向前！

格局有多远，路就有多远；格局有多大，舞台就有多宽广。行走于世间，我们都在忙忙碌碌中度过我们的人生，却也应该适时思考、规划我们的人生。在必然的忙碌中，寻找偶然的灵感，激发自己常态化的改变，哪怕是从点滴做起。

放下笔，我的思考依旧继续着。教育不是一张时间表，更不是一张张学生的录取通知书，教师的个人成长远远没有结束的时候，不懈的努力才是永恒的动力。教育是宁静致远的事业，唯愿以不变的初心砥砺前行，守候岁月中的静好！

2017 年 11 月 27 日写于沈阳培训宾馆中
（做中学，学中做；且行且思，勤于反思！）

走近刘长铭

——让我们的心灵醒着

提起刘长铭，我熟悉的不是他的一连串的官职与头衔，也不是他曾经作为国内知名高中北京四中的"掌门人"的经历，而是初见他，一个平易近人的高中教师，一个总是以一名教师身份看待自我而感悟教育的老师。没有什么教育大师的架子，没有高深莫测的理论，有的是一种接地气的"学者范"。

在他三个小时的讲座里，他数次与老师们互动，分享着彼此的教育故事。精彩的教育叙事再现了教育的鲜活场景，把原本生硬的教育理论用一种别样的方式呈现，的确如刘老师所言，其中渗透着师者的至教育智慧。

多年之后，你的学生依然以你为师而感到骄傲，这就是为师者的至高境界。刘老师分享了一个学生的名片，名片上的内容的第一行：某某的学生！名片上简简单单的一行字，却体现了一名教师对学生影响之深。我们究竟影响了我们的学生些什么？"普通的教师告诉学生要做些什么，称职的教师向学生解释为什么要这样做，出色的教师为学生做示范，而最优秀的教师激励学生去做！""教师，要激发学生对生活的向往和自信心，对生命的敬畏和崇高感！"

我不由得想起了我自己的几位恩师，从我小学时的启蒙老师到影响我、培养我听说写能力的初中老师，到引领我树立正确"三观"的高中老师，再到像个姐姐般照顾我的大学辅导员老师……她们对我的影响很多时候已然成我骨子里的一种必要组成部分。这就是老师对学生的影响！我记得我的老师在对待我们的作业本上笔笔清晰的批阅；我记得我的老师对待其工作的孜孜以求；我记得我的老师对我们说"人，活在世，正字当道"；我记得我的班主任老师检查我们的科任学科作业；我记得我的老师为了激励我在我所得到的笔记本的页码上写的话语；我记得在我人生中最灰暗的时候老师对我的鼓励：做你喜欢的事情，呼吸新鲜而自由的空气！原来，当我仔细地梳理过往的一切时，这样几个与我的老师们之间的瞬间会依稀如昨天！这就是师者的影响！

的确，学校教育是师生相处的一段生活，这段生活的不同之处就在于它的启迪和引导作用相比会突出。教师，是学生学习过程中的重要引领者和示范者。刘老师分享的《一节英文美文课的人性教育叙事》让我尤为触动。其主要讲述的是一名英语老师对比自己所教的普通平行班和高层次班的学生表现，寻求机会对学生进行教育，将枯燥的教育与自己的课程巧妙地结合在一起，教会学生学会感恩，教会学生学会做人。我们教给学生的学科知识，学生会记住多少？我们影响学生的人性教育与思考，会影响我们的学生到什么程度？

在我带13届学生的时候，我曾经将从书上学到的一句话送给我的学生们："行走在人世间，抬头需要实力，低头需要勇气！"因为对这句话的感受颇多，所以就在当天的班务时间讲给学生们。多年之后，就在这学期开学前的几天，13届的一个学生突然发给我一条信息，告诉我他从一所普通的二本学校成功地完成了华丽转身，考取了一所985、211大学的研究生，而且名列专业第一名！他短信的最后附上了我当时送给他们的这句话！他告诉我，在他最艰难的时候，这句话给了他巨大的动力！为他骄傲的同时，我更感到欣慰，原来，教育一旦发生作用，其影响力会如此之大！

　　在参加工作以来的 15 年里，我越来越体会到许多教育前辈的感受，面对我们的学生，我们的教育确有些时候显得苍白无力，我们细心组织的说教、我们自以为能促进学生转变的教育思想，却没有达到应该有的效果。或许，我们欠缺的就是一个改变，从我们教育者自身改变，弯下腰与我们的学生平视，而不是让我们的学生仰视我们，身教就是最好的教育方式！

　　前些天，由于各种工作出现了短时的交集，那天，我只睡了 3 个小时的觉就上班了。小 Q，我班上的一个可爱的小姑娘在下课时跑到我的面前，送给我一个橘子，还对我说："赵老师，别上自己那么辛苦！看你工作那么辛苦，我都不敢不好好学习！"说完，她甜甜地笑了。或许，在我忙碌的时候，并无意要去教育我的学生们，但是教育的效果却也随之出现。

　　刘长铭老师，自述当校长时听新入职的老师讲公开课，他的关注点不在于那位老师出现的小错误上，却在于发现他的优点上，并不是因为他发现不了这其中的错误，而是另寻机会，这具有"延时效应"的批评与教育想必对那位教师的专业成长起到了巨大的助推作用。想想自己当老师，其实发现学生的错误时，道理是相通的，批评的目的是为了提高与完善，而不是简单地为了批评而批评。在他当老师时，总是善于以情感和人格的塑造去影响他的学生，而不仅仅在于学科知识上，当然这是在他娴熟地掌握学科教学的基础之上。他坦言，在做老师时，熟记于心的是一定是教学大纲，教育教学艺术一定是奠定在专业精湛的基础之上的。不可否认的是，北京四中是一个众多一线教师羡慕不已的绝佳平台。但是，外界的环境对人的成长永远只是第二作用力，真正的成长一定源自于内心世界。

　　在今年的 7 月，据说他已经从北京四中的校长位置上卸任，

无意中查看他的博客，博文中的观点清晰，更记录着他在教育的
世界里的思考历程。在他为我们做报告的这段时间里，我们可以
深切感受到他对我们这些一线教师们的期盼！

  诚然，我们的教育不是完美的，这样或那样的问题总是在考
验着我们，更有些事件在锤炼着我们的内心世界。但是，正如众
多的教育名家所倡导的那样：让我们的心灵醒着，让我们努力去
做一点儿事，积跬步，积小流，终有一天，我们梦想的教育盛景
会展现在世人的面前！

2017 年 11 月 28 日于会场

再品 "差点教育"

再见黄宝国老师，与上一次相隔三年有余。上一次听他的讲座我就备受启发，一个没有上过大学的中师毕业生，却在35岁之前被破格评定为高级教师、省特级教师，在2014年他又顺利地成为吉林省第一批正高级中学教师！用他的话讲，他是一个地地道道的"草根"，有朝一日能成为一名教育家是他毕生努力的方向。而在听过他的讲座的人看来，他是一个幽默风趣带着数不清的教育故事的老师，一个靠着永远比别人多一点儿努力和付出而成功的老师。

这一次，见到他，又多了不一样的感受。据说他已经放弃了自己的官职，只为回到教学的岗位上。我着实佩服他的勇气，这种勇气、这种大概念意义上的得与失之道，确令许多人望尘莫及！为了丰富自己的学识，他每天都在早上4点之前起床读书。寒来暑往，其自律性常人难比！

见到他时，是在早餐的时候，恰巧与他相对而坐，"您是黄宝国老师吧？""你认识我？""我听过您的讲座！""但愿今天再听，不会让你感到失望哦！"当有更多的机会品味教学大家的教育理念之时，我越来越感受到越是教育教学大家，他们越是朴实无华！

其实，他未必知道，几年前我正是因为听了他的讲座，才懂得：为师者，一定要有自己的爱好与特长，并应该发挥出来！于是也就是从那时起，我拿起了自己扔掉多年的笔，记录我的师者人生。黄宝国老师的差点教育理论于我而言，不仅是教育教学上的一种领悟，更是对我自身的一种理性的思考。

再品黄老师的差点教育，真切地感知到：教育的意义在于引领与成全！毕业五年的学生在去年的教师节给我订了一个大大的花篮！因为他终于实现了自己的人生目标：做自己喜欢的职业，成为一名主持人！而对于当时上高中时成绩并不出色的他而言，每日的学习任务压得他喘不过气来。偶然间，我发现了他的朗读和表演天赋，于是当即建议家长让他学播音主持。他最终凭借自己的才华考上了重点大学的播音主持专业。人尽其才，人人成才！其实，我有时就在想，真正需要反思的或许不只是老师、家长们，甚至也包括孩子们自己也需要反思。适合的就是最好的教育！2018年秋季开始，高中要全面实施"走班制"，准确地引导学生进行职业生涯的规划显得越发重要。找到自己喜欢并适合的学习专业、方式、目标，是学生、家长、教师三方的共赢。

很多人都奇怪我这么喜欢看看、写写，为什么没有成为一名语文老师？确实，在我面临选择之时，我的班主任曾问过我："你想象一下自己当个语文老师，终身去从事这样的工作，会热爱它不？再想想十年后、二十年后，你还会依然热爱它如故吗？"至今，我依旧记得他的话，的确，语文可以是我的爱好，却难成为我的专业。这于我，又何尝不是一种成全！

再品黄老师的差点教育，真切地感知到：教育的意义在于发现与宽容！我们很难要求我们所有的学生都像工业化的产品一样，全都质量达标。产品，可以由质检部门去制定相关法规和标准。那么，我们的教育呢？我曾经的一个学生，也是一个薄弱的英语学习者，在一次考试后，写了一封道歉信给我："对不起您的付出，我英语学得很不好！"按照学校的考核标准，他英语学科考了22分（满分150），他确实影响了班级的平均分，但他充满愧疚的话语，却让我看到了他的正直和真诚。我回了这样的几句话："相信你的未来会越来越好！好于昨天，好于今天！"从那之后，他逐渐改掉了上课睡觉的毛病，偶尔犯错误、作业没写完，我也宽容了他，毕竟他在前进的道路上。每位老师都希望自己教的学生成绩好，但是当事与愿违，我们又该持一种什么样的态度呢？差生的存在的前提是和优等生进行了比较，"努力让每个孩子拥有公平而有质量的教育"是党的十九大报告明确提出的。多一些耐心与等待，多一些理解与信任，教室里的每一个学生都等待着我们为师者的给予！

再品黄老师的差点教育，真切地感知到：教育的意义在于这过程中的教学相长！很多时候，学生是我的老师。2016年毕业的一个小姑娘叫玉儿，在我把班级的图书角交给她管理后，她利用自己的业余时间把书编了号，还做了一个登记册，在近两年的时间里，书一本没有损坏。老师交给她的任务，我只用了一分钟，她却用了那么多的时间。这就是对我的教育！当我表扬她时，她却甜甜地一笑："我觉得这就是责任，我应该做的！"

一个学生会干部在午休时找我，向我提出了几条建议，并且标注了解决措施。他的初衷不是为了自己向老师表现什么，却实实在在地觉察出学生管理中的一些问题，显然，他希望我们的学校管理更上一层楼，希望学校的管理更人性化。我发自内心地感谢他，因为他把自己定位在学校的主人，而不单纯是一个学生。学生在我们的学校读了三年后，会毕业，这三年中的一切会成为他人生中的一段插曲，如果快乐幸福充实，他自然会多去提及与回忆；如若不开心，大体他会去吐槽、抱怨。而这位学生干部则不然，我看到的是他对于自己的定位，他大的格局意识！我感谢他，教育了我！

一次，在我的英语课上，对于其中的一道题，小涵有她不同的理解，在我讲解完后，依然想要坚持她的想法，她没有打断我的课程，而是选择在下课后，来到我的面前，仔细地说明了她的理由。她的想法是对的。这道题的确不够严密，她的坚持，让我感动，她的得体与涵养更让我敬佩。于是，我把这道题重新给学生讲解一次，并且肯定了她这一想法的合理性，我鼓励大家进行发散思维。后来，她告诉我，那一天，她特别地开心！而我却这样告诉她："感谢你！教育了我！"

　　教育就是这般美好！我们在疲于奔波劳累的同时，偶尔停下来，或许会发现那份曾被我们忽略、被我们遗失的美好！黄老师说："改变学生先改变自己，思维改变了，世界会因你而改变。"守候师者之心，寻觅师者之道，改进师者之法！育人、育己，悦人、悦己！

2017 年 11 月 30 日午休之作

❧ 育才印象 ❧

名校，究竟是什么？如何去定义名校，是在我参观完东北育才中学高中部后一直思考的问题。同行的老师们都在感叹这所学校先进的治学理念、人文化和精细化的管理经验、优中选优的生源、美丽的校园环境，这些固然是这些知名高中所具有的特点。但是从真正意义上讲，一所名校，在我看来，却当是一种氛围、一种传承、一种精神！名校与普通学校在硬件设施上的差别固定存在，但是让学生一生都有所眷恋、津津乐道的应该是对他的成长有所帮助的、思想有所影响的一切。

接待我们参观的是东北育才中学的副校长孙永河，一个十分低调的校长。我好奇地百度了一下，孙校长是国家级教学名师，而且是一个学术型的校长。从他的言谈举止看，沉稳有余；听他的报告与介绍，面对着学校所取得的骄人成绩，他却轻描淡写地表示：他们所做的就是代代育才人应该做的事；面对着大家的羡慕与钦佩之情，他如此解释道："我们高中的工作都是按部就班的，大家都一样的努力！我们互相学习！"

育人的教育渗透在细节与点滴中。育才的校园给人以典雅、肃静之感，走在校园中，看到的学生，无论是匆忙行走的中学生，还是奔跑的国际部学生，都带着甜甜的微笑。当遇到你时，总会停下来，问候你一下。由于我们参观的人挡住了孩子出楼门的路，一个帅气的外国小朋友站在那里，等待着我们通过。育人，当是渗入骨子里的一种教育，一种融化在血液里的一种意识，绝非应付了事，更不是为了带有功利色彩的表现而表现。我特意选在课间时，在走廊里参观，想了解一下他们的课间文化，没有跑跳，没有打闹，没有嬉戏，有的只是静静的脚步，有的只是从容的脚步！他们的字典里大概没有去维持走廊纪律一说。偶尔看到有学生三三两两在低声交谈，手里却大多拿着书。育才的育人目标是要培养带有国际视野和本土情怀的人才，这从走廊的布置中可以得到证明。走廊中的文化墙上有许多的英语单词，却也没有少了社会主义核心价值观的宣传。

立德树人的教育理念与课堂完美地结合。虽然很期待能听上一节这所学校里名师的课，但是由于安排的问题，我们听了一节高三数学复习课。对学生的认可、鼓励、鞭策和信任，是老师上课的出发点。学生们的参与性并不十分强，或许是因为学霸类的孩子往往会有所顾忌，但是学生的讲解与回答却彰显了其高水平和全方位的素质。这节课或许无法从教学任务的量与高效率来定义，但是如若从学生的习得角度来评价，的确是以学生为主体的课堂，因为学生的学习任务一直在老师的引领下进行。学生的能力在不断地外显，学生的创新思维在课堂上不断地闪动，让置身于课堂中间的人觉得是学生在研究问题，这从某种角度上而言就是我们所要的探究过程，这就是扎实推进的课改氛围。

在从教以来的近 15 年历程中，我不断地思考这个问题：教与学这对矛盾如何能较好地协调，达到更好的辩证统一？从带有神奇色彩的洋思中学的"先学后教，当堂训练"到从最初被请上神坛而 2016 年底其宣布取消导学案而引发了争论狂潮的杜郎口中学的"导学案式教学模式"，从山东的昌乐二中的"271"模式到南方一些省份提出的自学、自主中心等模式，作为课堂的引领者的教师、作为课堂的主人的学生的角色都是固定不变的，说到底，学生学会了多少知识、掌握了多少技能、提升了什么素质才是检验教学模式或是教学改革的中心标准。

　　无论是新课程改革以来老师们几乎日日提及的课标，还是去年提出的学科素养，再到今年党的十九大提及的关键能力，其实中心还是学习者学会学习。

　　也曾去过一些名校，这些知名的高中在培养学生能力方面都是下了一番功夫的。学生的能力的培养要以知识的识记和领会为基础，并在此基础之上理解与运用。这个过程，在现实的高中一线教学过程中，往往都会被老师所包办代替。相信学生，尊重学生，给学生以空间，我们如此熟悉的话语，不应该成为我们在写材料、做总结时的一句口号，而更多的是需要我们的实践。

　　全面发展的定位突出了高中生学习生活的本色。提及高中生，我们想到的是什么？相信多数人会答：疲惫、劳累，12年寒窗苦读只为一朝题名，2天4张试卷的考试完成了选拔人才的任务。想到这些，谁人会不紧张？进而在忙忙碌碌中错失了学习生活的美好。听到关于育才课外活动的介绍，看到了各种活动的海报，参观了学校配套的设施，如科普基地、体育馆等，多姿多彩的活动已然呈现在我的脑海里。学习生活里不应只有学习，学习生活里可以诸多的"小确幸"，学习生活里应该存在诗和远方！

　　参观名校，不是第一次，但于这期间感受如此的真实却是第一次，没有任何的雕琢与修饰，却足以让人思考、领悟……与我的学生们，一同享受学习的快乐，一同领略学习路上的美景，做学生的知己，任由他们在知识的世界里贪婪地摄取营养！

2017 年 12 月 7 日中午

学无止境，教学相长

——反思一节英语阅读公开课

从新课程标准的颁布到核心素养的落地，再到近期的关键能力、立德树人，教学的改革似乎永远是在路上。而在这浩浩荡荡的改革浪潮中，高中英语的教学一直是排头兵。对高中英语教学的质疑更是此起彼伏，而作为高中英语教师却又总是在繁忙与劳累中度过，一面是做不完的习题、讲不完的词汇和语法，一面却是外界对自己辛劳付出的否定与抨击。为什么会这样呢？原因多重且复杂，但是有一点是我们无法否认的，那就是思维的惯性、教学固有的模式的束缚及升学率的逼迫。随着高考体制改革的深化，一些外部问题也能得到解决，那么更为重要的就是教学理念的改革与更新。

早在 2011 年，我有幸听到广东外国语学校的一位老师的英语课。当时的我很是惊讶，惊讶于老师对学科知识的驾驭与个人能力，惊讶于学生在课堂的游刃有余与快乐，惊讶于中国英语教学南北之差异。说来惭愧，那位老师的名字，我现在已经记不起来，但是她的几句话却至今留在了我的脑海里："教学相长的前提是内驱力，教学相长的推动力是外界的压力。"事实是不可否认的，学生中的绝大多数一定是超过我的，其发展潜力和空间是不可估量的。当我的学生高中毕业的当月就成功地通过了大学英语四级考试并获得高分时，当听说学生一个又一个地收到了国外名校的录取通知书时，甚至在课堂上，当我听到学生流利而地道的口语时，我总是会想：这些学生在我的课堂上曾经或者现在学到了些什么？显然，他们在英语学科上的天赋与能力与我的关系并不大，相反，他们有些时候扮演的角色就是我的鞭策者和监督者！为师者，业精于勤，行成于思。

英语课，应该教会学生些什么？这个问题时不时地会在我的脑子里浮现。恢复高考40年，国人对英语的重视程度也达到空前。甚至一些早教班的课程，都包含了英语启蒙课。那么，国人学习英语学得好吗？这个问题是大多数人不愿意面对的，说我们学得好，那么我们的付出与回报似乎永远不能成正比；说我们学得不好，那么不断变脸的托福与雅思考试题型却用事实进行了回击，中国人总是可以达到满分，没有办法，只能变化。那么，我们究竟能做些什么来还原英语课堂的本质呢？怎么才能缓解多年来语法与词汇一统英语课教学所带来的问题呢？

反思课堂理念与定位，在准备这节公开课时，我的定位是：让学生体会本色课堂的味道。给学生以充足的机会去表达，给学生以充足的舞台去展示，给学生以充分的鼓励去突破。从课堂的实际情况上看（时间长度：40分钟），基本目标达成，我做了如下的统计：

第一，学生被提问37人次，其中有34人次是学生主动回答，有3人次是启发后被动回答，有8人是重复回答问题。

第二，学生为主的时间约占30分钟，"我"为主讲的时间约为10分钟。

第三，37人次回答问题中，有4人次所答问题有偏离现象。

第四，课后抽检，有3人对授课内容缺乏全面理解。

反思课堂效果：本节课，我尝试以个人活动、两人活动、小组活动及展示等为载体，努力拓宽学生思维的广度，同时挖掘文本的深度，引导学生在趣味中"思"，在活动中"悟"，在练习中

"得"。坚持两大授课原则：突显文本的重要性和阅读技能的培养。力争让学生有所得：学会从体裁角度分析文本的特点，学会从不同的侧面和切入点探寻文本的主题，学会思考与知识的迁移，学会感悟文化与主题的升华点。

反思课堂教学的预设与生成：关于预设与生成，有一个有趣的比喻：预设与生成是课堂上的两张网，学生正像渴求食物的"鱼"，老师可用预设的网先逮"大鱼"，再用生成的网捕逮住"小鱼"。对于一些不往两张网里钻的"鱼"，老师要善于观察、呵护、引导、点拨，从而催生新的精彩生成。由于本节课的开放性较强，因而相比较而言，更重于生成。在课前，我已做好充分的准备，这节课也是对自己教学能力的一次考试。

生成强调在师生互动的过程中，教师对学生的学习兴趣和心理需求做出价值判断，调整预设，以适应和促进学生更加有效地学习。课堂教学的生成，是一个师生共同学习、共同建构的教学发展过程，是一种开放的、互动的、多元化的形式。在检测预习和当堂练习两个环节中，均出现了由于教学中"搭建支架"不足、对学情的掌控不足及因对学生认知特点上的差异的忽略而导致生成不足，略显急切。

反思教学模式：对于本节课，我设定的教学模式为"导学案"引领，导在先，学在后，阅读结构化、意义化、表达化。即在教学过程中，导背景，导知识，导任务，指导学生进行词义概括和文本解读，结合思维导图进行总结和直观呈现。"导学案"的引领作用较为明显，但是学生的词义概括及深入理解能力尚需进一步加强。

让学生体验到英语课的快乐，体验到英语课的成就是我在我的课堂上一直努力的方向。授之以渔，教学生学会学习，教会学生学习英语课程而不是英语学科更是我不断改进的动力。正如这节课的德育渗透环节中我与学生分享的那段话：感恩生命中所有的遇见，更珍惜所拥有的一切！感谢我生命中的点滴，记录下来。"少年辛苦终身事，莫向光阴惰寸功。"虽早已非少年，但终难得心之所向，所谓"盛年不再来，一日难再晨"，愿"岁月不居，天道酬勤！"

教无定法，贵在得法。正所谓"是故；学然后知不足；教然后知困。知不足然后能自反也。知困然后能自强也；故曰教学相长也。"谢谢所有的 19 届 18 班的孩子们，学无止境，教学相长！

2017 年 12 月 21 日中午匆忙之作

让孩子看到远方的树

——有感于与一名高三学生的交流

当下午的放学铃声响起，学生们都如常地走出教室，去吃晚饭。当我要离开办公室时，走廊里有一名高三的女生，手拿着一盒水果，在那儿走来走去。

看到我时，她问道："老师，您知道心理咨询室在几楼吗?"

"七楼!"我大声地回答，"不过，心理老师应该下班啦!"

"哦!"她的声音中略带着些许的失望，"那，我走了，谢谢老师。"

"不客气!"我准备回到我的办公室，取我遗忘在办公室的东西。但是，当我抬起头时，发现她走了进来，"老师，您能和我聊聊天吗?我今天心情特别不好!"

"当然可以!"当了多年的高中老师，尤其是做了这么多年的班主任工作，我深深地了解高三学生的心理压力，虽然我不是她的班主任老师，甚至不是她年级的老师，但是作为教师的一种本能的反应让我对她的求助毫无招架之力。

短暂的交流后，我对她的情况有了一定的了解，但我却没有去纠结她的名字和班级，其实直到最后，我也没有想去问这样的问题，原因很简单，那不是我们交谈的重点。

由于学习的压力，她发觉自己的努力没有什么效果，特别是数学学科，努力了很久，都没有成效，于是，她现在较为迷恋手机上的游戏，有时上课溜号，不想听课。

　　其实她的学习成绩很不错，在年级属于上游水平；她对自己的人生是有明确的规划的：她要考上一所不错的重点大学，学自己喜欢的专业；她对自己的现状是清楚的，并一直试图去改变现状。但是，有一点也是明确的，她对提高数学成绩的信心不足，这使得她在努力前进的道路上总是受阻，信心不断受挫。

　　我没有去用堆砌的大道理教育她，而是让她看了看窗外的高楼和景色，那些近在眼前，实际却依旧遥远。我也没有和她谈分数的提高和目标，而是让她描述了一些自己对未来幸福生活的憧憬，说着说着，她便问我："老师，您说我能实现吗？""一定能！"我的回答是坚定的，"你可以成功地寻找到你的幸福！"我看到她站在窗前，笑了，一扫刚进到我的办公室里的不悦。"你想要追求幸福，需要准备什么，我想你比我更明白，那么就去做吧！不开心时，看看窗外远方的树，它离得远，但是可以看得见！热爱你的生活，你才会想要把它变得更美好！善待你的生活，它才会展现给你无限的精彩！"她高兴地离开了我的办公室……

　　教育的一个重要的目标，就是让受教育者最终能够独立地判断。就像这位可爱的女生，她既已解开心结，可以独立地判断，就无须我的说教。教育，归根到底，是要帮助孩子学会成长，形成其独立的人格，去决定什么对他是好的。世界上的选择千千万万，而"我"的选择应该是自己的领悟！

　　那种幸福的描述，就是远方的树，那种幸福的景象，就是帮助她种下幸福生活能力的种子。在这样一个现实的世界里，人人都在忙碌着，努力地探寻成功之路。成功，却不是每个人都伸手可得的，面对不能人人成功的世界，我们能做的，就是帮助孩子们获得寻求幸福生活的能力，以让他更成功地寻求幸福。无论是作为父母，还是作为老师，我们都是孩子们人生道路上的领路人，真正的教育应该是一种精神的传递。

感谢可爱的小女生，让我在教育的世界里又多了一份领悟！为她祝福！

2017 年 12 月 25 日

幸福的教室如此迷人

——《创建幸福教室的 35 个秘密》读后感

孔子说："知之者不如好之者，好之者不如乐之者"。对于高中老师，天天在高考的指挥下，在分数与试卷中周旋，"好之者"已很难寻找，更难说"乐之者"。那么，如果一名高中班主任老师，在繁重的教学任务之外，还要去承担琐碎的班级管理任务，又该如何去定义呢？又应该如何成长为"乐之者"？

在《创建幸福教室的 35 个秘密》中，我寻找到了我想要的答案。书的作者是一名被学生亲切地称为"岗哥"的班主任老师，他以自己长年一线班主任工作的经历为基础，辅之以理性的思考，将班主任工作中的"术"与"道"巧妙地结合在一起，形成了幸福教室的理念。

假如我是梁岗老师班上的一名学生，会尽情享受学习生活的快乐与幸福，沐浴在幸福教室中。这间幸福的教室中有轻松的班级氛围，有促进自我发展的动力，有强大的团队意识和团队精神，有严谨科学而又不失人文化的管理，有学习共同体为你解忧解困，有展现班级自身文化特点的班级文化……处处体现着班主任老师的情怀，教育行为也不是单纯的教育行为，而是被赋予了生命张力。在一个教师的个人成长过程中，会随着时间的变化而逐步地加深对教育的理解，会加深对教育教学行为的反思，进而在一定程度上影响着教师个人教学理念的更新进程。有人把教师的四重境界概括为：让学生尊敬的老师、让自己心安的老师、让学校骄傲的老师和让历史铭记的老师。能够做一名让历史铭记的老师或许是多数老师一生所追求的，着实也需要一生的辛勤耕耘。书中的例子鲜活，源于教师工作的日常，却又极具唤醒意义，以活跃的心灵去唤醒学生心灵的活跃，以卓越的生命激励生命的卓越！

在阅读过程中，我与作者产生数次的共鸣。教育者之术，如若只是停留在表层，而没有深入的探索与关注，简化教育之道的提炼，那么教育水平和效果终将被困住。

相信学生，尊重学生，促进学生的自主管理和教育，是梁岗老师的一个重要管理理念。班级管理，不是班主任一个人的事，也不是班级干部几个人的事情，它是一个团队共同向上的力量和契机。学生的能力，只有在充分的空间范围内才能得以展现与释放。

帮助学生寻找成长的支点，运用成长性思维策略。学生成长的支点，从个体的角度上分析，一定存在差异。在实际教育教学工作中，我们会遇到各种各样的学生，教育方法也需要随之灵活多样。多数老师对这一点，想必是十分了解，但是我们的问题就在于在实际的工作中，会倾向于忽略这个基础，我们希望学生达到我们的要求，希望学生们会向着我们指引的方向走，一旦学生不能达到要求，我们会视他们为不听话、不理解我们的苦心。可是，我们是否也应该像梁岗老师那样，从学生的角度去看问题，走下我们的讲台，平视我们的学生？

梁岗老师尊重学生的另一个重要的表现就是给学生以空间和渠道，引导学生记心灵日记，让问题学生在老师的"诱导"下，心甘情愿地写"心灵日记"，记录下自己每天内心最真实的声音、最真实的想法，在此过程中，老师扮演最忠实的听众、最贴心的导师角色，抚慰学生心灵，适当提出解决问题的办法，以此来转换叛逆学生的叛逆内心，让学生在信任与陪伴中成长。作为教育者，我们的教育更应该尊重规律，尊重其成长规律。改变视角与方法，我们的教育原来可以是如此美好。呵斥与责备，很多时候，也许会让我们与我们的初衷渐行渐远！

读罢这本书，就想进走这间教室，因为它真的幸福；读懂35个秘密，就想自己去做，因为确有启发；思考过后，更会"乐之"，幸福的教室如此迷人！

2017 年 12 月 29 日

寻找教学的勇气

——读《教学勇气》

看了好友推荐的书单，一看到书名，就决定选择先读帕尔默教授的《教学勇气》一书。读罢，不由掩卷深思，不由得慨叹道：教学，真的需要勇气，需要寻找教学的勇气，去打开我们的心灵，去唤醒真我们的灵魂。寻找教学的勇气，在美好的教学空间里，点燃对教育事业的热情，进行一次走进心灵的旅程。

启示之一：寻找勇气去打开自己的心灵之窗，构建学习共同体。

"教学的勇气就在于有勇气保持心灵的开放，即使力不从心仍然能够坚持，那样，教师、学生和学科才能被编织在学习和生活所需要的共同体结构中。"课堂，不是教师的专享空间，是学生、教师及知识共同编织的世界，课堂也是师者学习的过程。许多时候，"青出于蓝而胜于蓝"当是我们欣然接受的事实。作为英语学科而言，有其自身独有的特点，语言的更新与发展速度快，因此，我总是鼓励我的学生勇于挑战我的答案或是所谓的标准答案，如果我是错的，他还会额外得到一份奖励。学生说得对，学生说得好，学生的思路更明确时，我就会给学生舞台，让他们去展示，让他们去讲，其实开放心灵让学生讲下去，诚恳地向学生求教才是最佳选择。

教学的勇气丢到了哪里？今时今日，捧起《教学勇气》，我检阅自己的灵魂之旅，终可以为自己的做法点个赞！打造学习和生活的共同体，不仅体现在教学上，更体现在生活中。教师，走下讲台，课堂之外，也是普通人，有自己的喜恶，对于学生，也不可能达到理想化的程度，去对所有的学生达到绝对的公平，但是，我们要以建立共同体为目的，悦纳一切，多一些宽容。课下，我们与学生可以进行多方位的交流，真实地表达我们的感受，以真心换得学生的真诚。一个以全市中考第三的成绩考入我校的学生，由于不能很快地适应初高中学习生活的转换，在第一次考试中，就考出了"校百人榜"，我没有选择和她当面交流，而是选择给她写了一封信，在信中，我如实地说出了她给我的感受：傲气十足、好胜心十足，不能自视自己是失败的根源。起初，她不是很愿意接受我的观点，回信质疑我对她的"不公平"，我又给她写了回信，以诚相告。再后来，这位学生竟然与我成了好朋友，最高的艺术是与心灵相通。之所以没有选择常规的方式，我就是希望与她能形成一个共同体，共同去应对出现的问题，但是以她十足的个性，我们的谈话效果可想而知。缺点和不足是前进的动力和方向，但是问题是我们如何能正确地认识到不足，并有足够的勇气去改正它。教育的目的，不是让我们和学生成为对立的两方，更不是让学生被动地成为我们的训导对象。心理咨询过程中，经常使用的一种参与性咨询技术是咨询师的自我开放，我的理解，就是一种真实的自我暴露，以产生情感上的共鸣，放在我们的教育教学上，其意义也大抵如此。

"课堂既不应以教师为中心，也不应以学生为中心，而应以主体为中心，在真正的共同体模式中，课堂上教师和同学同时专注一件伟大事物，在这样的课堂上，让主体——不是教师和学生——成为我们专注的焦点，以教师为中心和以学生为中心教育的最优物质获得融洽和超验升华。"按帕尔默教授所说，唯有师生的教育最优物质获得融洽和超验升华的课堂才是最美的课堂，伟大的事物成就完美的学习共同体，成就学生、教师、知识三位一体的精彩课堂。

启示之二：鼓足勇气去寻求"伟大事物"，游走在繁杂与琐碎之间的同时，更注重静心研讨教学。

诚然，时下，当一名老师我们确实要精通"十八般武艺"，我们需要不断地转换角色，尤其是兼任班主任或是其他一些行政职务的老师，工作又岂止是"繁忙"两个字所能概括的？有的老师会说，能静下心来备课，着实很难！但是，再难，也要鼓足勇气、挤点时间唤回自己真我，唤醒自我教课的灵魂，将自己的精力凝聚在备课舞台，"课上一分钟，课下十年功"来形容也不为过。记得大约十年前，我曾有幸听过一名特级教师的课，课下交流时，她坦率地告诉我，她只用了十分钟来准备这节公开课。十分钟，怎么可能上得如此精彩？她却这样回应我：看似十分钟，实则二十年！备课的过程，就是去寻求"伟大事物"的过程，我们需要与我们的同事形成共同体，正如书中所言"让我们安静地以接纳的心态面对别人的问题，鼓励别人的心灵走出来，允许别人的心灵以它自己的水准和速度自行发现答案。"

启示之三：寻找勇气，反思自我教学，永远行走在提升的路上。

我们总是在不断地追求完美，但是，教学终究不是能完美的事情。只要有勇气反思，就会有精彩，就会听到美丽的花开。在我鼓足勇气反思自我、纠正自我的基础上，师生关系立马活跃起来，课堂气氛热烈，学习共同体自然而然形成。"真正的共同体的富有在它的过程中是非线性的，它的轨道通向四面八方，所以师者用心聆听，开放内心空间接受外来的对话，准备好共同体的再构建。"

爱因斯坦曾经说过，对于一个人来说，所期望的不是别的，而仅仅是他能全力以赴地服务于一种美好的事业。教育是人类一项美好和永恒的事业，教师是"最光辉的职业"。

教学勇气，是我们在教育的世界里自由飞翔的力量，是我们选择在教学的世界里前行的动力，是我们在教学的世界里能享受到幸福的前提。

读书，感悟教学，品味人生！勇气相随！

2017 年 10 月 5 日

❧ "无用" 与 "有用" ❧

借着省培的机会，我有幸到了东北育才中学，没有遵照校方的要求，我选择了"潜入"式的了解，我发现他们的英语课堂还在上听说课，而且每周必有，以辽宁省目前的高考模式而言，听说并不计入高考的英语分数，也就是与高考成绩零相关，那么，为什么学校还在开设这样的课程呢？他们不觉得是在浪费时间吗？深入了解了一下，其学校不仅在开听说课，还在开设英语小说阅读等课程，甚至很多时候，有的老师对选修教材采取了大胆的取舍。

除了大写的佩服，我心底里是由衷的赞叹。学了这么多年的英语，也当了十五年的高中英语老师，我越来越感受到英语的学习不应该作为一个学科，而着实应该当作是一门课程。这其中的差别不是表面的文字，却在于一个教学体系与教学目标的构建。当然，更在于我们教学的出发点与着眼点。

记得初登讲台时的第一节课，学生居然没有听明白我的课，原因是整节课，我没有说一句汉语，很多学生无法听明白，更接受不了全英文的授课，显然，我对学情的理解和把握是不到位的，但是从另一个层面而言，英语课就逐渐开始了"退化"。英语课的讲解关注点在于词语的用法，在于语法的掌握，在于高分的技能与技巧的传授，于是，这些在高考备考中的地位成了无法撼动的状态。英语课几乎都在用汉语上课，在题海的猛攻下，学生在高考大战中或许也能得个不错的成绩，但是以后呢？离开了高中，进入大学或是更高的层次学习，他们的英语能力又当如何？

　　培训期间，与同组的高中英语名师们聊天，聊起了一个让人颇觉遗憾的故事：一个在辽宁省高考中英语获得 140 分的考生进入某一流大学后，被分到了英语 A 层次班，而结果是，他的英语成绩却失去了在高中时期的霸主地位，一度为"保级"而战。原因很简单，他的英语能力不完整，听力水平更是大跌眼镜。听说读写译是英语能力五个基本的组成部分，应该是一个整体，共同作用，促进整体能力的提升。但是由于功利心太强，抑或是对高考分数的殷切渴望，能力与分数的共同体被打破，焦点直指向分数。

　　可是，我们在这个过程中，似乎忘记了一点，听说的能力对高考分数的提高是否会起作用？深入课堂，我在自己的班上做了一个小的教学改革实验，在讲解教材时，我在课堂上加入了一个英语辩论环节，题目是"是否应该禁止克隆人类？"这是课堂的一个生成环节，也是我的随机想法。我原本的想法是学生会觉得很难，所以课堂参与度会很低。因为有了这样最坏的打算，我决定坦然接受结果。但是出乎我的意料，学生的参与度很高，一个接一个地表达，有理有据，并没有出现我想象的冷场，学生从不自信到自信，表达上虽有不完善的地方，但是在我的鼓励下，很快地调整状态。原本我设定为 5 分钟的教学环节，进行了 10 分钟以上，学生依然意犹未尽。

　　在这个过程中，我粗略地计算了一下，参与辩论的人数约有14 人次，我共提示了 5 次。由于是辩论，学生分成 2 组，所以其他的学生也不是单纯的观众，他们也在积极地思考、进行有效的提示，多数的学生都沉浸在课堂中，并积极主动地拿起笔，记下他们不熟悉的表达。由于辩论的主题与教材的内容相关，学生们都主动地阅读课文，将语言知识进行整合，加以利用。10 分钟的辩论后，课文中的生词理解、词语表达及主题理解进行得非常顺利。

下课时，两个女生来到我的面前："赵老师，英语课真有意思！我们最爱上英语课！""是因为我们'不务正业'了吗?"我问道。"我们没有啊，我们也没有想到，我们可以做到用英语辩论，太难忘啦！"她们的评价成为我那天的"小确幸"！

既是语言，那么语言的运用就是我们教学的重要目标。无论高中的课程如何改革，也无论在这轮改革的浪潮中，又涌现了什么样的表述。有益于学生语言能力的提高，就是在提高学科的核心素养，那么与我们的课程改革方向就趋向于一致。"无用"与"有用"是一对矛盾，以"无为""无用"之心，做"无为""无用"之事，最终，才有可能收获"有为""有用"。从长远的观点来看，服务于学生的终身学习和发展，是负责任的教育，而从近期的观点来看，促进其学习兴趣的提高，语言知识的掌握，是负责任的教育，兼而有之的教学形式，需要我们的大胆尝试和努力，更需要教学勇气，这或许是教师个人的另一种成长。

2017 年 12 月 11 日

大道至简

——写在扬州中学参观后

初到扬州，并无特殊的感受，一座小城，恰逢下雨，更是冷意袭来，这一切与扬州中学带给我的感受形成了鲜明的对比。初见其，内涵深厚，"正直向上，热于求知"八个石刻字立于校园之中，教学楼的风采带着古韵，百年"树人堂"是扬州中学的校史馆，走在其中，更像是翻开了百年的历史画卷：一所始建于1902年的百年名校，曾培养出49名两院院士，也是江泽民、朱自清、胡乔木、吴良镛等名人的母校。

扬州中学的教学成绩斐然，更是赫赫有名的高中，那么其秘诀是什么？学校的副校长与我们做了交流，没有刻意的吹嘘，没有盲目的跟风，没有花哨的架子，学校的各项管理都是按部就班。这位校长的发言数次得到了在场人员的自发掌声，是因为他说话直接，直击痛处，说出了许多人想说却没有勇气说出口的话。他总是在强调一点：回归课堂的本质，注重学生的习得。

在他的交流报告中，提到了一个重要的人物：周厚枢。溜了一下号，我百度了一下这个人的情况，更是让我心生敬意。周厚枢，1920年毕业后赴美国学习，先后在美国路易斯安那州立大学、麻省理工学院学习，获硕士学位后，回国任教，曾在广东大学等大学任教授，1927年出任扬州中学校长，时28岁。他的主要教学思想与理念：注重学生的全面发展，"树人"为先，广招贤才，优化教师队伍，注重教师和学生的心理疏导，实行科学管理，并重视学校的配套建设等。想来，与我们今时今日的教育理念极为相似，却相差近100年。时代的局限性、国力的薄弱、国民的观念与素质等诸多方面，与现在恐难相比，在克服了难以想象的困难后，取得了令人望尘莫及的成绩。

但是，当我们仔细品味其治学理念，却不难发现其中的道理并不深奥，有些甚至很简单。一支粉笔走天下的时代，我们国家有数不清的名师，民国时期的大师们更是不拘泥于教学的表面形式，他们的教学百花齐放，却始终围绕着一点：教与学的平衡。那个时期，没有现代化的教学一体机，没有翻转课堂，没有互联网＋，没有智能手机，没有平板电脑，也没有电子书，教与学的过程简单清晰，学生的学习效果也很不错。那么，与之相比，很多不是问题的问题为什么会让我们一线教师如此纠结呢？我们不断地学习，与时俱进地更新着自己的教育理念；我们不断地改革，不忘初心地提升自己的教学素质和能力；我们不断地推陈出新，眼花缭乱的教改模式新闻占据着各路媒体；我们更在不断地减压，给学生松绑，给教师解压，却发现压力不减反增。

有人会说，时代进步，竞争激烈，人的素质提高，这些是根本原因。我倒不这么认为，在我看来，教与学双方都缺乏一种回归的勇气，因为或许在诸多的大家看来，这是一种逆历史潮流而动的行动，是倒退！如扬州中学的副校长所言：当前的教学，就应该回归基础。特别是公开教学，知识的教学，基本策略的传授，学习习惯的养成已经成为十分稀罕之物。鄙视知识的传授，一味追求所谓的能力培养，一味强调探究、生成、自主学习，体现在课堂教学上，则是热热闹闹、轰轰烈烈，而一堂课下来，学生到底学到些什么，培养了什么能力，也许是上课老师从来不关心的。务虚，而非务实；空想，而非实干，又将何去何从？

学生的能力培养，必须建立在基础知识之上，这是教学中最简单的道理，离开了基础知识的传授，离开了基本方法的传授，教学就是空中楼阁，教学就是走了一些不该走的弯路。做应该做的事，做能做的事，这或许是我们最应该思考的问题。"大道至简，知易行难，知行合一，得到功成，大道至简，悟在天成。"我们总是在苦苦地寻找着天边的大路，看似铺满了鲜花的路，实则遥不可及；与此同时，我们却忽视了我们眼前的路，看似崎岖不平的路，实则却越往前走，越别有一番体会！

扬州中学的泥土里透着历史的芳香，百年的参天大树直耸入云，校园里三三两两的学子更散发着青春的气息！于我，一个参观者，被这般纯净的校园味道所动，更寄希望于自己：做学养深厚的师者，博览广取，回归本真！

2017 年 12 月 12 日于扬州

活化我们的教材

没当老师的时候，就听说过：一本发黄的教案可以教一辈子。学生变了，知识的体系没有变，更有些时候，我们的教材也很少改变，这就造成了重复性的讲授，教师的热情难免会不受到影响。尤其是对于英语学科而言，语言的更新速度是与社会发展相一致的，新的表达层出不穷，但是拿我现在所用的英语教材而言，却是 2003 年通过审订的。教材的许多内容，着实已经跟不上时代的发展，但是我们又不能弃之不用，于是，教材的活化处理及二次开发就显得尤为重要，其前提就是对教材的合理整合。

龚亚夫教授曾在他的报告中明确指出，目前英语教师面临的最大挑战就是把核心素养融合进我们的课堂教学，而现行的教材在编写过程中更注重的是语言的功能、结构，工具性强，却并没有较多地关注学生的品格培养、内心世界和思维能力，也就是我们所提的英语学科核心素养。面对这样的情况，我们就需要突破教材、超越教材，减少对教材的过分依赖，可以适度扩展教学资源，补充教学内容。

早在 2009 年，我第三次带毕业班时，我在高三复习时进行了第一次尝试，之后我进行了将英语文学作品、英语新闻、英语美文等引入教学内容的试验。在经过了几年的试验后，在今年，我又一次在我所教的班级进行了改革性试验。在讲授外研 03 版教材选修六第四模块的第一课时，我对学生说："今天，我们可以不讲教材了，怎么样？"我觉察到了学生的惊讶。"我们进行话题式讲解!"我接着说。在我把要这一周要讲授的话题:"人际关系"——这四个字写在黑板上时,学生们的学习兴趣一下子被调动了起来,我设计了听、说、读、写四个环节的活动,学生的参与度大幅提升。第一次的大胆尝试,我给自己打了 80 分,我将课堂观察到的不足又进行了反思与修正。将教材的内容作为阅读和讨论的部分融合进课堂,舍弃了其中的一篇文章的教学。从实际教学效果上衡量,学生的掌握情况较好。

在今年的省培,我结识了省内一些高中英语名师,她们都是我的前辈。在与她们的交流中,我学习到她们的一些二次利用教材、活化性处理教材的做法:把高中英语所需的基本词汇按照考纲的话题分类进行了简要的归类,进行了整合,并尝试找了一些文章作为话题的扩展资料,扩展资料以高考题的阅读材料为基础,进行必要的扩展,最终实现读写结合;把历年的高考完形填空作为阅读课的教材,二次开发,注重学生的语感培养和批判性思维的培养;注重原汁原味英语资源的引入,注重学科思维的连贯性。这些成功的案例更让我坚定了自己之前的想法。

扩充课程资源,需要明确标准,难度和可读性是判定适用性的最重要指标。这其中,需要教师做的课后准备工作必然很多,在资源共享的大数据时代,需要以静心做研究的心态来对待,更不是一朝一夕可以完成的。这个课程资源应该是动态的资源库,可以实时更新。革新传统的英语课堂教学,势在必行。我们不能以学生会写单词,会读单词作为评价学生英语学习水平的标准。更多的时候,教师所起到的作用是启发和引导,而不是讲授。没有答案的问题,也未尝不可,相比之下,有时候更易于学生思维能力的提升。不盲从,与学情相符是前提。现行的高考制度下,同一个班级内的学生在学习能力和思维能力上差异较大,深入地了解学情是基础,所以课后反思就显得更为重要。

当老师越久,我越觉得自己的不足,越希望做些什么来完善提升。边学习，边思考，边行动，沉下心来看课堂，换个视角看课堂，永远都在路上！

2017 年 12 月 4 日

明亮的心灯

——谈读书对教学的影响

高考的志愿，我选择了自己最喜欢的两个专业：一个是法律，一个是英语。对这两个专业的爱发自心底，不分伯仲，最终当了英语老师，也算是实现了自己的心愿。在教学过程中，我越发地觉得想要当好一名英语老师，首先必须是个"杂家"。

英语，作为语言工具，其知识范围几乎涉及每个学科：有最先进的科普类知识，有文学艺术知识，有体育竞赛的知识，也不乏历史知识，更有些知识直接与学生所学的理化生知识相对应。我从不想给自己找理由，因为自己是英语老师，可以把相关的词汇错译，因此，就需要尽可能多地学习知识，扩大自己的知识容量。生命因读书而幸福，教育因执着而美好，愿自己把平凡的日子描绘成美妙的诗。从教十五载，我学会了在文字中思考，学会了广泛地阅读，学会了在读、写、行、思中绽放自己，浸泡在文字里，体会生活的美好。

当工作比预想的繁忙时，我会发觉自己的时间被挤占，顿觉自己内心中的不安，于是会抢些时间来看看书。教书人，读书、学习当是第一要务。时下，有很多文章在批评中国人糟糕的阅读情况，痛斥中国人的懒惰，一时间，读书成了高贵与涵养的代名词，而不读书的人就成了众矢之的，好似成了下里巴人。被迫的读书，会亵渎了书的美好，因为读书，是与心灵的对话，也是心灵的需求，更多的是内在的自我要求。

书香氛围不仅在于我们拿起书去读，而更多地在于书是否真正走进了我们的内心世界，是否在心灵深处触动了我们，影响了我们。

读书，对于一个老师究竟有什么样的意义？我在前些天观摩学校的青年教师公开课大赛的过程中找到了答案。前些天，学校举办青年教师教学大赛，在听青年教师公开课的过程中，我发现了同课异构的课所呈现的不仅是教师个人素质和能力的差异、对教材的理解角度不同，更体现教师个人的人文素养的差别，以至带给听课者、学生不同的感受。一位政治老师上课时，讲授的内容是我国的分配制度，他把路遥的名作《平凡的世界》的相关片段引入了课堂，前后铺设到位，深入浅出，把一堂看似无聊而呆板的政治课上活了。如果他没有读过这本书，没有自己的理解和感受，他不会游刃有余地运用于教学之中，实现教学能力的飞跃；同样一位数学老师参赛，在最后的总结环节中，她赠予学生的话朴实无华，却蕴含着深刻的期望，展现了高超的文学素养，让人敬佩！课堂的升华，不单纯是知识要点的总结，更在于心灵的点拨，回归教育教学的本质，更彰显出课堂的美！而当沐浴在一位语文老师的课堂中时，我更可以用"震撼"两个字来形容，那位教师信手拈来的诗句，苍劲有力的板书，出口成章，讲授的作文课带给人的是一种享受。褪去了十足的功利心，展现的是对文学、对人生、对理想的感悟与情怀。这样的课堂，怎么能让人不爱？这样的老师又怎能不让学生喜欢？有位著名的校长曾这样评价读书与教学之间的关系：评价一个老师，我首先要看他案头上的书，这里的书不包含教辅书、习题集。他毫不掩饰地把读书列为教师成长与发展的第一要素。

读一本好书，好似在和许多高尚的人谈话，等同于交了个好朋友，与书为伴，心灵可以变得纯净，也可以放大自己的格局。曾经听过一位专家的报告，其主题是教师的专业成长，其中，他坦言：读书，于教师而言，是通过专业的阅读，使自己站在大师的肩膀上，也是为自己的反思与写作奠定基础。读书，也是帮助师者发展成为智者、寻找最好的自己的最重要途径。教书容易，育人难，育人任务的重要性远在教书之上。真正的教育教学，不是简单知识的迁移或传承，更在于以活跃的心灵唤醒心灵的活跃，以卓越的生命激励生命的卓越。想要达到这种层面，教师就需要勇于超越和突破自我，用最强大的力量去点燃那盏最明亮的心灯，在读书与反思中寻求力量！

2017 年 12 月 28 日

耐得住寂寞是一种能力

　　课间时，我和学生聊天，和学生聊起了刚参加工作时，学校、老师和学生是一种什么样的状态，几个学生听得很是入神，因为他们觉得那时的人生活好单纯、好简单！而当我问他们，为什么他们不能如此地投入到学习和生活中时，他们笑而不语，几经追问，一个女生如是回答："老师，时代不同了，现如今的诱惑太多，我们不能抵制！"

　　在场的学生们都笑了。是呀，时代发展到现在，学生的生活中充斥着各种诱惑和挑战，想要在这样快节奏的一个时代中把持住自己，谈何容易！在他们的成长过程中，他们又需要经受多少忍耐！回想我上高中的时代，一转眼，已近20年，那时的我们没有网络，没有智能手机，没有网购，没有各种各样的网游，我们的世界里只有学习。我们只有一件事情，克服自己的懒惰，激发自己的斗志。而现在的高中生们，想要战胜的就不单单是自己，他们必须去抵制外面的世界。

　　潇儿，是2016年毕业的我的一名学生，他以优异的成绩考上了北京大学，我有幸成为他的老师，而他作为我的骄傲，教会了我许多道理。他热爱生活，是一个单纯阳光的大男孩儿，积极乐观；他耐得住寂寞，沉浸在知识的世界里，幸福而贪婪地汲取知识，他不玩网游，不玩手机，只是在需要的时候才上网查一些资料；他无私地帮助别人，只要有同学需要他帮忙，他从不推辞，即便那道题是如此简单；他总是选择比别的同学晚放学5分钟，他不希望在这5分钟的时间里与其他同学与拥挤，而情愿把这5分钟留给静心的思考与学习。

由于他的出色，我经常在班级内表扬他，号召孩子们向他学习，但是，很多孩子反馈给我："老师，能做到潇哥那样，不是一件容易的事情！'心不旁骛'需要太大的定力！"潇儿用事实证明了他的能力，他超乎常人的专注和耐力，所以他的未名湖畔的梦想实现最终得以实现。

我曾观察总结过自己教过的许多学生的特点，那些在老师看来最聪明的学生，未必是班上成绩最好的，而那些成绩好的学生却大都不是班上最聪明的，但是他们的身上却有一个共同点：耐得住寂寞！耐得住寂寞本身就是一种能力，这种能力会影响到我们的学习、工作，甚至会延伸到我们的生活中。学习从来是一件辛苦的事情，所有的幸福生活也都是需要依靠奋斗才可实现。求学时代，耐得住寂寞是全身心投入学业的前提，十二年寒窗苦读的日子里，更多的时候需要的是一种忘我的精神；工作时代，耐得住寂寞是事业得以提升的基础，做好一件事情，一定是不容易的，刻苦的钻研和热爱需要我们投入大量的时间和精力；生活中，耐得住寂寞更是家庭生活幸福的源泉，同甘难，共苦易，人，一旦忘了本、丧失本心，其结果往往是事与愿违！

而对于教育者而言，能真正耐得住寂寞，就需要活在别人眼中的"无聊"中，并乐此不疲地奔波。因为教育，更需要拒绝浮躁，更需要我们静下心来。真正的成功之路遥远而艰辛，只有储备充足，才能走得远，胜利的可能性才能越大，这其中的过程就是自我实现的过程，用自己的力量成长，实现蜕变。

前些天，我刚刚参加了一次答辩会，当评委老师问我，为什么喜欢当老师、为什么有这么深厚的教育情怀时。我给出这样的回答：如果没有教育，我的父亲不会走出农村，不会在城市落地扎根，这就是教育的魅力。于是，在我的志愿选择、就业选择上，父母坚决"帮"我选择当一名高中教师，为此，我放弃了出国留学的梦想，我放弃了国内高校和一些知名高中的聘任机会，回到了我的家乡——一座东北小城工作。从最初的被动到现在的主动，因为我爱上了这种"寂寞"的生活。回首15载，我拒绝了跳槽去首都工作的机会，拒绝了高薪工作的众多选择，其实我只是想享受这种"丰富的平静"，在我看来，这种寂寞就是一种内心的宁静……

谁都爱轻舞飞扬的热血青春，但是真正得以在柴米油盐的日子里善待自己的力量，就是那份耐心，就是那份忍耐，就是那份按捺……

2017 年 12 月 17 日

辽阔的教室，美好的空间

——读《一间辽阔的教室》后

一个个发生在教室里鲜活的故事，把一间辽阔的教室完整地呈现在我们的面前。一个孩子自从走进学堂，他的大部分时间都是在教室里度过的。教室里发生的事情无疑会给他现在和未来的生活带来很大的影响。

那么，理想的教室应该是什么样子的？周老师在书中把理想的教室描绘为家庭般的空间，教室应是一个"温柔美丽的世界，成人所要做的，就是隔开周围的黑暗，保护他们这小小的世界"。但是，遗憾的是教室却没有发挥这样的作用，教室成了很多学生不喜欢的地方。前些天，一个学生的家长来为孩子办理休学，家长心疼地说，孩子一进到教室内，就感觉压抑，因为学习压力大，孩子出现了较严重的心理问题。虽然，高中生的心理问题我也见过很多，但是每每听到这样的事情，总会有所感伤。教室，美好的空间，却因为种种原因，让孩子们产生了抗拒，产生了与年龄不相符的烦扰。

周老师说"心灵储存的美多了，留给烦恼的空间自然就少了"，现实的教育中，我们让孩子的内心充满了各种各样冷冰冰的知识，功利化十足的教育把孩子的分数过多地进行了量化，让孩子成为一种学习的机器，丧失了欣赏和发现美的能力，更没有人教会他们欣赏美。只有内心储存足够的美，才能对抗现实的恶。

每到假期，总会有学生回学校看看我，无论毕业多久，见到我总是那么亲切。再见彼此，总会愉快地回忆当年的经历，于是，我总会是想：真正被学生所接受和铭记的或许就是非功利的爱。非功利的爱，就源自师者的辽阔胸怀，悦纳学生的一切，接受一切学生。学生，是我们的艺术品，雕刻的技艺取决于我们自己，同时，学生也是我们师者的一面镜子。想让我们的学生成为什么样的人，我们首先就应该做什么样的人，这是教育的一种客观事实。

而当我们审视我们的课堂，我们会不难发现，虽然我们在不断地强调由"乐"引到"教"，但是在过程中却念念不忘"教"，总想着"寓教于乐"，殊不知孩子们简单透亮的心灵，总是能看透我们的用意，其结果只能是"教"也没教好，还把"乐"给丢了。在学校和社会之间，在课堂和生活之间，我们究竟是在架设桥梁，还是构筑堡垒？一间辽阔的教室，应当是充满快乐的教室，而这份享受快乐的权利却被无情的考试与分数排名所替代。相信很难会有教师毫不理会学生的分数，因为分数会影响或是决定学生的前途和未来，但求在重视分数的同时，我们也关爱每一个学生的心灵成长。

周老师说："急于给学生一片天空，实际上还是给了他们一只鸟笼。有的鸟笼一眼就能看见，有的则装饰得很美，掩映在绿树丛中，不易发现。更可怕的是，明明给了学生鸟笼，还坚定地相信那就是天空，将自己和学生一并囚禁在鸟笼中，自得地歌唱。"教育是一种持续的唤醒，是一项长期的工作和艰巨的工程，绝非简单了事。触及心灵的教育可以唤醒和对抗生命中的沉重忧郁。而这项工程的实施，需要家长与学校及全社会的共同协作。

动辄就抱怨自己的学生不好，或是一味地羡慕别人家的孩子，或是一股脑地把孩子们的教育推给学校，这些做法都不可取。相比而言，三方共同作用，携手为孩子健康成长营造安全的心理和生理空间，帮助孩子们构造一个相对自足的精神世界，对未来有明确的规划，没有过多的盲目和浮躁，才是教育的首要大事。性格和习惯培养应该作为教育的头等大事来抓，当然，家庭应该对其负主要责任，但学校教育作用不可忽视。

"自己必须有一定的准备，否则再美好的东西都进入不了我们的感官系统"，我们的学生，其内在没有发生作用，再多的教育也只是徒劳。因此，从某种意义上说，教育者的责任就是让我们的孩子学会发现美、注视美、感受美、创造美、引领美，永远不会放弃对美的期待和追求。

教室里，藏着师生对美好未来的向往，藏着对生命的敬重，藏着人生的使命与职责！愿爱注满这个美好的空间，打造出一间间辽阔的教室！

2017 年 10 月 2 日

不跪着教书

——读吴非《不跪着教书》有感

　　读吴非老师的这本书，说来已一年有余，总想静下心来，关于这本书写点儿什么，无奈一拖再拖。在吴非老师的这本书里，他阐述了他对教育问题的思考，融合了他对教育的理解、随想，也引发了我的反思和感悟。今天，终于得空，于是写下点儿文字，大抵是这些天来总不断地有相关的新闻让我的心情略显低沉，教师的行业被道德无情地绑架，就因为我们是老师，就必须接受许多本不应该承受的一切吗？

　　一位敬业的班主任老师，因为对尖子生的过分关注，责令其写作业，而被无情地刺死。我想多数老师的感受应该与我一样，听到这个消息时，内心中很是惊诧和伤心。关爱与责任染上了仇恨的色彩，对立凝固了平等与和谐的师生关系。我们突然间感觉到教师不知从什么时候起，已经成了社会上的弱势群体。当师生矛盾或是"校闹"出现后，教师似乎成了一位弱不禁风的女子，无助、无力。原因何在？显然是我们的教育过程出了问题，吴非老师说："对一个教师而言，最大的安慰就是我们培养出了人，一个有感恩之心的人。"我们在育人的过程中忘记了最初的目的，背离了我们的初衷，被教育的诸多外在结果所束缚。好老师的标准被打上了各种考核数字的标签，无法回避的问题，教育中更是出现了一些令人费解的现象。多数学校都在执行着"学生评价教师"的制度，由学生来为老师打分，伴随着时代的发展和竞争的激化，许多老师都会选择去做"老好人"，和学生交朋友，不影响自己的考核分数。管与不管成了新的问题，管了，会遭到学生的记恨，甚至会招致更为可怕的后果，于是乎，不管成了主流。呼唤原本在我们的内心世界里理直气壮的教育勇气，回归我们的教育本质。当教师忘记了培养学生健全人格的任务，有时就等同于在学生的心里埋下了错误的种子。在新时代，重拾我们教育的初心显得如此之重要！

　　高考的录取制度和教育教学体制都在变革的过程中，教育教学的理念总是在与时俱进，作为教师，更应该终身学习，才能如吴非老师所言，有独立思考的精神和能力，有批判与怀疑的精神，才能教会我们的学生独立思考。而纵观当下，能静下心来读书和不断学习的教师又能有几人，我们总是在教育我们的学生要这样做或是那样做，而我们是否能同样严格要求自己呢？在做年级管理工作的这几年中，我总是会接到一些学生或是学生家长的"投诉"电话，表达对某某老师的不满，原因不一，但从总体上而言，一是由于老师的不严格管理，二是由于老师的治学不严谨，不能很好地胜任教学工作。想要自己不跪着教书，在讲授知识的过程中能自信地应对学生的各种问题的前提是我们自身知识体系的完备和过硬的教学素质。面对不断成长中的学生，教师必须不断更新专业知识。

　　作为教师，职业生涯是很长的一个过程，需要的不是三分热血，是永恒的热情和始终如一的精神追求。我们无法规避职业倦怠感，但是，我们可以做的是让其周期尽可能地缩短，这种精神上的追求是对教育事业的崇拜和敬畏，是对人的生存和发展规律的尊重。诸多的教育大家都用自己的一生书写着事业，从未停息过脚步，如吴非老师所说，教师，必须有精神信仰。如果只是简单机械地重复每天的工作，何来激情？何谈创新？这种信仰，是初上讲台时的纯真和本心，是初为人师时的誓言与理想，是在经历岁月的雕刻与打磨后仍保持原来的模样，是在物质极限诱惑时仍不为所动的定力。

　　我们的教育中应富有思考，富有理想，富有骨气，富有底蕴！教书，就要站着教；跪着，不如不教！

2016 年 12 月

为"人"、为"师"之道

——感悟《师道》

《师道》，又名《师规》，系统阐述了师之重、师之责、师之慎、师之道、师之法、师之本。偶然读到这篇文章，即被其内容深深地吸引，一篇优秀的古文，更是蕴含了深深的为人、为师之道。

师之重，就是要让我们的学生懂得敬畏生命，敬畏学业，更要敬重自己的责任，这份敬重源于"尊道"，而"尊道"的前提是"有道"，道为人本，道在人心。学生，尚处于不能完全理解这其中的道理的年龄，我们的任务就是引领他们去感知这样的道理，这并非易事。每每听到花季年龄的孩子们因为这样或是那样的压力而选择结束生命时，每每听到某些孩子因为心理的压力或是生活中的苦涩而不能继续学业时，每每听到某些学生对自己的学业丝毫不在意而荒度了时光时，我就会感到深深的遗憾。没有人能切断与周围一切人或事儿的千丝万缕的联系，烦恼无处不在，关键在于学会如何去面对及正确地处理，这当是人生的又一份责任，也是人生的必修课，学生的学习也必须包含这个层面，是学会生存的根本。

师之责，就是传道、授业、解惑，知识是无价的，知识是无限的。学习知识的过程是师生共同进步、共同成长的过程，同时又是一个循序渐进的过程。当老师时间久了，越来越深入体会教学的艺术所在，不是简单地上上课、讲讲题，更是一种学术上的引领和感知。想来，我之所以从教，与我的启蒙老师的教育是分不开的，从对她的崇拜到模仿到"长大后就成了你"，这更是一种思想的引领，不是课堂上知识的学习和传授所能达到的效果。"传道"之首要之处或许就在于让学生真正了解自己，了解自己的内心需求，了解自己对知识的渴求，了解自己的努力方向，这个层面上的"道"是透过简单的知识直达深层面的道，更是求知探索的根本所在。

师之慎，即惰之慎、怒之慎、利之慎，教师是一个不进则退的行业，勤奋耕耘是必要的态度，但是，从实际而言，克服懒惰并不是一件容易的事情，"我们想让我们的学生成为什么样的人，我们自己首先就做什么样的人。"我们就是学生在学业上的一个榜样，如果师者不能以勤克己，想必学生也很难达到这样的要求。在初登讲台时，面对学生的错误，我总是会生气，久而久之，学生形成了对我的惧怕心理。但是，这并不代表着学生从内心中接受我的教育和管理。当我读到的教育学和教育管理的书越来越多时，我感受到"不怒而威"的意义，以理服人，以情动人，对学生的教育绝不能以粗暴的吼叫所替代，学生与老师相比，处于低位，学生一旦与老师理论就会被视为"逆反"或是顶撞，这样一来，学生的内心世界产生了"价值条件化"，对学生的成长势必会造成不良影响。这几天，在网上曝光的一则新闻几乎让所有的老师都为之一震，一名家长给老师发了一个微信红包，而后将截图作为证据上告到教育局，这位老师百口莫辩。利，无论大还是小，或许迷惑人的双眼，冲昏人的头脑，想要在现如今的时代里保持一颗初心、本心，需要的不只是日复一日的思想教育，而是教师内在认识的提高。当然，老师也是生活在世界上的普通人，需要谋生，不应该因此给老师们戴上高尚的帽子，但是"君子爱财，取之有道"，不当之利，自应回避，毕竟，教育的领地是一块依稀尚存的净土。

师之道，即仁爱、师范、谦德，关爱我们的学生，为我们的学生做出表率，以谦虚为美德。长久以来，关爱学生似乎被视为教师行业的一大行业规范，但凡成为"优秀教师""特级教师"的老师，总是会被关注他们是如何关爱学生。社会道德无法以法律般的强制性去规定每位老师的行为，所以这只是教师们的敬业表现，但是一个重要的前提是这种关爱不应该以牺牲老师们的个人生活为代价。不去关爱自己的孩子，专心去关注别人的孩子，不去照顾自己的父母，一心扑在事业上，这种关爱之心有违人之本、人之常情。谦虚治学，是人的美德；谦虚为人，也是人的美德。"人唯虚，始能知人。满招损，谦受益。满必溢，骄必败。"被誉为"万世师表"的圣人孔子强调："知之为知之，不知为不知，是知也。""三人行，必有我师焉。"

师之法，即鼓励、诱导、威严，能合理地处理师生之间的关系是师者的一种重要能力。鼓励学生要讲究方法，讲究策略，老师对学生的鼓励所起到的作用很多时候是其他教育手段所不能实现的。从学生时代起，学生的内心世界里，老师所占的地位自不用多言，一句鼓励，一个微笑，一段真诚的交谈，于学生而言，或许都会产生巨大的作用。从教之前，我不曾想过自己在学生作业本上写下的一段话，会成为学生很长一段时间内的座右铭，成为他突飞猛进的动力；我不曾想过我与学生的一次交流，会影响他整个高中三年，直至他考入理想的高校；我不曾想过，我拍拍学生的肩膀，会让她在考试受挫后得到莫大的鼓舞；我不曾想过，班级激励性活动的一个小日记本会成为学生毕业多年后依旧引以为自豪的物品……师道，要有尊严、威严，不容践踏。许多年轻教师喜欢和学生打成一片，这本无可厚非，但是区分好场合是前提，课上、课下的界线需要划定清楚。"严师出高徒"这是亘古不变的道理，没有威严的教师，恐怕很难获得学生发自真心的尊重，正所谓"亲其师，信其道"，所谓平等的师生关系，应该是对学生个体的一种

125

尊重，并不等同于平等概念，如若不然，事情又会如何？学生和老师是平等的，那么学生犯了错误，老师没有责任吗？既然有责任，那么需要同样被惩罚吗？显然，这是不合逻辑的推论。

师之本，即乐教、修身、功德，我们的内心是什么样子，我们所看到的生活就是什么样子。教学，是当老师之本，乐于教学，寻找其中的快乐，是教师的快乐之源。工作的周而复始难免会带来人的消极情绪，但是，于这种消极中努力挖掘快乐的元素，去找寻心理上的自我满足，会使我们充满了自我效能感，进而产生强大的内驱力，促进个人的更大提升和完善。乐教，就等同甘于接纳自己的工作和生活，但是现实是教师的行业总是与各种不和谐的音符斗争。许多人从教的目的不过是寻找养家糊口的工作，不过是在对比了无数的职业后的无奈选择，或是屈服于现实的下策而已，做出这样的选择怎么能乐教？西方国家对教师行业的要求很高，对师德和敬业精神的期望也远远高于我国，所以教师的地位很高，这样就会吸引更多优秀的人才去从教，形成良性循环。最近几年，我时而听到某某博士放弃了国外的高薪，选择去高中教书，或是某某高级人才选择从教，这其实是一个有利的导向，师者的素质提升才是教育水平提高的最重要条件。

师者之情怀，奉献；师者之习惯，求实；师者之精神，创新；师者之意志，实干。先为人，后为师，师者，当以做人之道理为基础。悟为"师"之道，亦习得为"人"之学，"师者也，教之以事而喻诸德者也。"习近平总书记曾这样说："一个人遇到好老师是人生的幸运，一个学校拥有好老师是学校的光荣，一个民族源源不断涌现出一批又一批好老师则是民族的希望。"把塑造灵魂、塑造生命、塑造人的工作——教育工作做好，是时代赋予每一位教师的责任与使命！

2017 年教师节

暖心的"冰花男孩"

——起因于"冰花男孩"的报道

如果不是网络发达的年代，我们中很少有人会了解他；如果不是读了他的故事，我们中很少有人会对我们现有的生活充满了感恩；如果不是强大的自觉力，他不会以坚韧和毅力克服我们想象不到的困难，不会成为新闻中的"明星"。

"冰花男孩"，一个七八岁的孩子而已，在那张传遍全网的照片上，他穿着单衣，站在设施简陋生源稀疏的教室里，头发和眉毛都结满冰花，耳朵和小脸被冻成紫红色，明亮的眼神里却透着坚定执着。

在他和突降的气温在 4.5 公里山路决斗后，他的战果是那张照片上的模样，不顾严寒和冰霜，徒步那么远的距离，只为到学校参加考试，享受学习的权利。当我和我的学生讲起这个小男孩的故事，他们都愕然了。怎么会有人如此热爱学习？难道他不觉得学习的路很苦吗？

在我们关注这个小男孩的时候，我们确实忘记了在大山深处的偏僻乡野，像他这样的孩子其实很多。广大贫困地区如他这般的少年都在粗粝中生活，却不曾忘记拼搏。看着他满头的"白发"和满手的冻疮，我忍不住流下眼泪。

身居大山深处的他们——千万个"冰花男孩"，有一个统一的名字，他们被称为留守儿童。他们多数难有暖衣热饭，却仍有许多孩子天天长途跋涉，坚持苦读勤学。他们想突破的是贫穷的束缚，不想再重蹈父辈卑微的命运，希望自己有朝一日能像城里人那样生活，寄希望于用知识改变命运。

有人说，命运是不公平的，其实，命运向来如此。有人生来富贵，有人生来贫穷。有人能少奋斗几十年，只因为他在"拼爹"的战斗中大获全胜。有人却奋力一搏，用无数的汗水挑战命运。我们无法否认，出身和起点的差别，境遇和现实的残酷，决定了命运的不公和当下的无奈。好命固然是上天的恩赐，但奋斗也是高贵的选择。有梦想谁都了不起，哪怕它最终未必成真。

感谢"冰花男孩"，让我们在寒冷的冬天，感受了春风般的温暖，更给无数在优越环境中学习的孩子上了重要的一课。相信坚持的力量，相信"锲而舍之，朽木不折；锲而不舍，金石可镂"的那份坚持。苏轼曾说过："古之立大事者，不唯有超世之才，亦必有坚忍不拔之志。"

感谢"冰花男孩"，让我们在"知识爆炸"的年代，在行驶在"信息高速路"上的时候，更加坚定了知识的效能。学习的路很苦，但是不读书、不学习的路会更苦！多则价廉，万物皆然，知识则不然。知识越丰富，则价值就越昂贵，读书是通往高贵的最低门槛。

感谢"冰花男孩"，让我们在浮躁和郁闷充斥着人内心的时代里，体会到了平静如水的感受。他没有觉得他这一天头上的冰花有什么特别之处，因为那是他的日常生活，他做的就是自己的平常之事。当人们把更多的焦点集中于他身上之时，他也依然过着自己如常的生活。

感谢"冰花男孩"，让我们看到了青少年一代身上的铮铮铁骨，这才是中华民族应该有的精神！不去抱怨，不去纠结，而是付之以行动。"凡事都要脚踏实地地去工作，不驰于空想，不骛于虚声，唯以求真的态度作踏实的工夫。以此态度求学，则真理可明，以此态度做事，则功业可就。"我们的众多革命先辈，正是依靠这种精神，才夺取了事业的成功！

纵使命运冷若寒冬，你却依旧暖如春风！一个可爱的小男孩把他的质朴展现在我们的面前，诠释着生命的尊严和质感，发出耀眼的光芒！

2018 年 1 月 11 日

从"偷懒"的美国课堂说起

　　作为一名英语老师，我似乎更愿意关注些国外的教育理念，从"世界第一"的芬兰教育到以动手能力见长的美国教育，再到关注学生点滴成长、细微之至的德国教育。最近，在闲暇之时，读到了一篇深度挖掘美国教育特点的文章，读后，更有一番别样的感受。

　　教育，源自生活，回归生活。文中提到美国的教师，是偏好"偷懒"的教师，总是喜欢把问题抛给学生，让学生去探究在生活中发现的问题。知识与实际生活的联系更为紧密，学生总是在老师的引领下进行思考，课堂上发生的事情都可以成为教学中的案例。学生的自我学习或是团队学习是自发进行的，完成学习任务的过程更倾向于实验、研讨的过程。这样的课堂，摒弃了花哨的修饰，去除了现代信息技术的点缀，却不失吸引力。这就是原生态的课堂，也就是纯净的课堂。在去年参加省培归来，我一直试图在我的课堂上进行一些小的改革，在高考的激烈竞争中，课堂的吸引力和趣味性渐渐丧失。英语学科，其重要的价值在于生活中的交流与应用，所以我把最新的新闻与演讲，把一些时尚的词汇引入课堂，课堂有了些许的鲜活之气。如何能把实用性、高效性与高考有机地融合在一起，是我一直思考的问题。看似矛盾的问题，到底如何达到对立统一？我们总是在提倡把课堂还给学生，怎么还？程度如何？这个问题不可一概而论，学情是最重要的前提。

教学活动，重在参与度，构建"全纳课堂"是唯一出路。相比较而言，美国的老师或许在激发学生的竞争意识和学习热情方面更有方略。课堂完全可以以活动为引导，学生的参与度高了，"全纳课堂"的构建实现了，教师就"闲"下来，这不失为教师"偷懒"的一个好办法。在时下进行的各种课堂模式改革中，我们总是在关注着学生的课堂活动，小组活动成了课改的代名词，"导学案"成了课改的代言者。但是，学生的参与度如何呢？如果只是小组中的 A 学生在不断地发言，为小组的合作学习成果做展示，如果只是一部分学生在"木偶"般地演出，"全纳课堂"显然是不成立的，而且从另一个层面上说，这是教育的一种不公平。有人会提出"分层教学""走班制"能帮助解决上面提到的问题，实则不然。学生的学习不是一个完全平衡的过程，学科间的不平衡、个人学习能力的不平衡、个人学习兴趣的不平衡，都会为"全纳课堂"的构建带来困难。尊重学生的现实，悦纳学生的现状，关注个体的发展、关注学业的进展，该是教师关注之处。

尊重知识，重在运用。美国的课堂更注重学生对知识的全面掌握，更注重学生的合作和沟通能力，更注重学生学习的主动性，更注重知识的运用。动态的课堂，让学生充分地"动"起来，这是一种思维上的活动，最大限度地调动积极性。学生的思维能力是学习能力的重要组成部分，是灵活运用知识的基础，反映出学生的核心素养，而反观我们的课堂，思维能力的拓展有限。讲与不讲，练与不练，做与不做，动与不动，这都是教师在教学实践中必须协调处理的问题。

当老师很累，这是很多一线教师的呼声，面对课堂教学，我们总是想要面面俱到，却滋长了学生的懒惰情绪，没有了主动思考，也必然没了主动学习的习惯，又何谈终身学习？而当我们静静反思的时候，我们会发觉我们对学生的过度负责与爱霸占了主体课堂，短暂的收获背后许是更为可怕的代价！一面是真正的教与学，一面却又面临着林林总总的分数，在煎熬中我们的方向摇摆不定，何去何从？

　　"偷懒"的背后是教师的充分思考与研究，需要勤奋浇筑；而"勤奋"的背后是教师的"我以为"与"高效率"。勤奋，或应该从认真的思考开始！写下自己的感受，不是出于简单的崇拜或是妄自菲薄的自我贬损，实则需要求真务实的反思。完善课堂教学，非一己之力、一时之勇，更是一门深刻的学问。"不知则问，不能则学"，乐于做学习研究的践行者，沉心于课堂！

2016 年 5 月

教师的"自我保护"

社会在飞速地进步，人们的素质在不断地提高，教育问题成了社会上的持续热点问题，而教师也自然成了热点话题。由于一直以来，教师自带着高尚的光环，所以很多时候，一些行为或话语，放在老师身上后就显得那么不合时宜，而放在老师以外的人身上，我们就可以平和地接受。教师，如何去自我保护？或者说我们应该不应该启动一下我们的"自我保护"模式呢？

正确处理与家长之间的关系，正确认识自身在教育学生过程中的作用与价值。社会对于老师的期望值过高，使得教师行业背负的使命过于沉重。总听说身边的同事说，某某孩子的家长都管不了这孩子，所以家长会把全部的希望寄托在老师身上，为了孩子，家长可以出钱、出力，可以帮老师解决各种困难。很多老师会不自主地选择接受了帮助。但是，教育毕竟是一个复杂的历程，当老师苦口婆心地做思想工作，若结果向好，则大快人心。倘若结果不尽如人意呢？家长会做出什么样的行为呢？我就曾听说过家长在学校的家长群里大肆地"宣传"，甚至把许多不为人知、牵扯经济利益的事情都一股脑地说出来。这位可敬的老师呢？其形象一定会大打折扣，不仅如此，甚至会影响到老师的事业发展。其实，作为教师行业中的一员，我真的想发自内心地说，我们每个人，都是普通人，不要去试探、考验老师，不怀好意、有预谋的试探更不可取。

正确处理与社会对教师行业的角色期待，避免角色转换过程中的问题。网上的新闻把一位老师推上了风口浪尖，起因是她延误了高铁发车的时间，而后她受到了教育行政部门的处分。有人替她喊冤，因为她所犯下的错误，确实是在工作时间之外，也就是说，教师这个身份加重了她的过错，如若她不是教师，周围的人或是得知此事的人不会做出如此的反应与评价，对她的行为的包容性似乎会更强。或许就是因为教师职业的特殊性，使得教师行业被一再"高尚化""神化"，教育着人的灵魂的事业，"为人师表"的重压之下，但凡有了一些不妥的行为，即被视为是有背师德，破坏形象。某天，在路上，我偶遇了一位极不讲理的司机，他无理在先，却破口大骂，发了疯一般，我只有招架之功，无还击之力，更确切地说，无还击之勇气，因为我是一名老师，内心中强大的职业归属感告诉我，不能做出与教师职业不相符的行为，不能出现不和谐的音符。回到学校，我把事情原委与同事叙述了一下，大家也颇有感慨。倒不是说，我们一定要争个高低，一定要去打架或是吵闹，而是道德绑架了教师们，几乎有窒息之感。当然，也有人会对此不屑一顾，认为教师就应该这样，先教育好自己，才能教育别人。那么，是不是当了老师，就不允许犯错误呢？犯了错误，就会被认定为不合格的教师。是不是当了老师，就不允许发牢骚呢？发了牢骚，就会被认定为思想不积极。是不是当了老师，就彻底与人之常情告别了呢？不能做个普通人，难道非要教师去当"圣人"吗？诚然，那位延误高铁发车的老师确有错误，但是我总在想，她的错误是与她的教育教学工作不相关的，为什么是教育行政管理部门下达处罚的决定呢？角色转换对于广大的老师们真是难上加难！这真可算得上是教师们的一大悲哀之事。

正确处理教育与不可教育、过度教育的关系，理性看待教育的局限性。当老师当时间长了，很多人都会不自觉地形成一种不良习惯——看到错误就批评。越是负责任的老师，就越是对学生的错误门清，"眼睛里不容沙子"，但是如果我们的教育失了度，变成了过度教育，可能会产生不良的后果。而一旦出了问题，教师就沦为弱者。我们听说过负责任的班主任被"懂理"的尖子生残忍地杀害，我们听说过负责任的班主任被家长状告，我们听说过负责任的老师被失去理性的家长殴打，我们听说过……我们在认识到教育的作用的同时，也要承认不可教育和过度教育现象的存在，这并不是说我们身为教育者逃避责任，而是我们要更为理性和客观地看待教育，这是负责任的表现。

正确把握"自我保护"的度，要适度学会自我保护，面对些许残酷的现实，老师们除了无奈，更应该注意提升言行的可信度和准确度。对待工作和学生怀有敬畏之心，是应做之事，这种意识无碍。但是过了度，就变了味，有悖常理，有违师者之本心，其结果是教育失了效力，降低了教育的质量，加大了教师与学生之间的隔膜，淡漠了师生关系。

开启"自我保护"模式，权当无奈之举，自是教育的悲哀；如是法律学规内的自保，自当是师者依法教学的体现。如新东方董仲蠡的激情演讲《教育的意义》中所讲："教育的真正目的：第一层面，通过获取知识，能够提高个人修为，增加我们对生活的感受力，从而认知自己，并不断提高自己。第二层面，为天地立心，为生民立命，为往圣继绝学，为万世开太平。"教育，是社会良心的底线，是人类灵魂的净土，是立国之本，是强国之基。愿教育者们——我们的教师，享受更为纯净的教育。

2017 年 12 月 28 日

跟着苏霍姆林斯基学当老师

　　作为教育大家，苏联教育家苏霍姆林斯基的教育思想在今天仍然十分有价值，重温其丰美而珍贵的育人智慧，体会做老师、做教育的真谛。

　　当一名好老师，努力做一名发现美的使者。苏霍姆林斯基说："进行道德教育，造就真正的人——就是在号召做一个美的人。要教会孩子去观察美，同时去思考美和人的高尚品格。"即便现实世界的残酷依然存在，阴暗的事件也难以视而不见，教育者也要善于运用"非连续"的教育方式，引发学生的思考，让其从消极的事件中寻找亮点。我记得自己大二时候的一堂英语视听课，正逢9·11事件发生，我们的视听老师就把这件事作为我们当节课的讨论话题，从人生理想到大国理念，从经济与政治的关系到恐怖主义，从我们国家可能采取的态度到联合国安理会的议题，我们的思维在视角变换中得到扩展，激发起我们作为热血青年的斗志，我们的爱国情怀得到唤醒，对理想的追求也更加坚定。前些天，网上疯传的两位老人在去世前相伴，在医院的病床上手拉手的故事，我把这个故事讲给了学生，这就是人世间最美的爱情。我们的教育材料不单是书本上的内容，更不是密密麻麻、成摞儿的试卷，是我们的生活，是我们周围的世界，善、恶、美、丑，学生需要习得的正是一种发现、分辨的能力，也是塑造其良好人格的必经之路。

　　做一名好老师，努力做学生阅读的引领者。苏霍姆林斯基说：

"真正的阅读能够吸引学生的理智和心灵，激起他对世界和对自己的深思，迫使他认识自己和思考自己的未来。没有这样的阅读，一个人就会受到精神空虚的威胁。"无论什么都不能取代书籍的作用。学会了阅读，也就掌握了进入更为广阔的知识世界的方法，也是提高学生个人综合素养的基础。世界正在悄悄地奖励那些读书的人，把阅读当成生活的一部分，尽享阅读的美好，沉浸其中，不失为一种平静的美好。作为老师，我总是强调老师自身的阅读，所读之书更应该"杂"一些，知识是一个庞杂的体系，需要基础知识作为基础。教授学生，没有一池活水，又怎么能保证教给学生的那杯水是最清、最甜的甘霖呢？作为学习者，不阅读，知识体系是残缺的，学习能力是得不到发展的，又何谈综合素养？

做一名好老师，努力引导学生进行自我教育。苏霍姆林斯基说："真正的教育是从自我教育开始的。"自我肯定是自我教育之母。自尊感是一个人的荣誉感、名誉感、健康的自爱心的最强大的源泉之一。时下，一名负责任的老师的典型描述是：对待学生的错误，总是拥有一双发现的眼睛，有错必究。有错必改的学生才被认为是好学生。那么，在这个教育过程中，学生的作用几乎是被动的，没有触及内心的教育，其教育效果大多具有短暂的效应。而要真正地触及学生的内心，自我教育是有效的驱动力。在当了多年的班主任之后，对于犯错误的学生，我早已过了"凭空一声吼"的阶段，而倾向于选择他们的自我教育。上个星期，在学校值班时，发现一名女生上课的时候用手机发短信，我把她叫到办公室，没有她想象中的"暴风骤雨"式的批评，我以一种温和的方式和她对话，她的反应从最初的不理解到心甘情愿地接受，到最后的自我反思。不仅如此，她主动写了一封"说明书"，对自己的错误认识清楚，于是我选择不再批评她，她也用实际行动向我证明了她改变自己的决心。我坦率地说，"严师出高徒"并不适用于解决所有的教育问题，有效的教育不在声高，不在严厉，不在我们老师相对于学生的"高位",而在于核心问题的有效解决。

当一名好老师,努力做课堂的研究者,在不完美的教学中寻找完美的点滴。苏霍姆林斯基说:"上好一堂课,是毕生的追求,需要做一生的准备。"所谓课上得有趣,这就是说,学生带着一种高涨的、激动的情绪从事学习和思考,对面前展示的真理感到惊奇甚至震惊;学生在学习中意识和感觉到自己的智慧力量,体验到创造的欢乐,为人的智慧和意志的伟大而感到骄傲。教学永远是不完美的事物,我们不必苛求完美,但是却要在前行的路上不断地完善、充实课堂。评判一堂好课的标准,有主观和客观两个层面,主观上追求课堂教学,则应是老师一生的事业。我们的根基就在我们的课堂,课堂是师者劳动之所、展现个人价值之地,更是师生共同的知识殿堂。在这个问题上,没有任何捷径可走,需要的就是在看似无聊、反复的教学生活中注入自己的教学智慧,"装扮"学生的学习过程,带领更多的学生体验"会当凌绝顶,一览众山小"的快乐与幸福。

当一名好老师,努力打造家校共同体。苏霍姆林斯基说:"只有在这样的条件下才能实现和谐的全面发展:两个教育者——学校和家庭不仅要一致行动,向儿童提出同样的要求,而且要志同道合,抱着一致的信念,始终从同样的原则出发,无论在教育的目的上、过程上还是手段上,都不要发生分歧。"在现实的教育中,我们会发现在一些问题上,家长和学校、老师很自然地成了对立的双方,这显然是不利于教育的发展的。家校共同体,是学校教育与家庭教育之间架起的一座桥梁,是通往教育高速路的必由之路,"无缝对接式"的家校教育方能成为教育的催化剂,提高教育的效能。

教育大师的话,是实践经验的抽象,用来指导我们的工作,是大有裨益的,最简单的话语却是最平实、最有效的教育途径的载体。跟着苏霍姆林斯基学当老师,将其智慧与实践充分结合,结出更为饱满的果实，开出更为绚丽的花朵儿！

2017 年 1 月 30 日

跟陶行知学做老师

伟大的人民教育家陶行知，终其一生追求着教育的真谛。读陶行知先生的理论，比对自己十来年的教育生涯，反思自己或许能够给予我所钟爱的事业、我可爱的学生们更多。

跟陶行知学做老师，无条件地呵护孩子的心灵世界。孩子的心灵世界如一棵蓬勃的树，充满了活力，而要长成参天大树，枝繁叶茂，它需要生根发芽，自由地生长。矛盾的特殊性教育我们：学生的成长经历、个性各不相同，其处理问题的方式也各不相同。因此，在面对我们的学生时，我们需要多一分细心、悉心、关爱。2009 年时，班上来了一名复学的女孩子，她是一个十分胆小的孩子，总是不愿意过多地提及她的家庭，甚至很抵触与别人谈论自己的父母。通过细心的工作和了解，我得知，她的家庭属于"低保家庭"，而且父亲重病在身。为了照顾她的自尊心，我没有在同学们面前公开提及此事，而是选择与她进行书信交流，并主动为她联系了一名私营企业主资助她。孩子高考中以优异的成绩考取了重点大学，虽已毕业多年，她总不忘在节假日给我发来祝福的短信。呵护的前提是尊重，呵护的最高境界是无声的关爱。

跟陶行知学做老师，体会其教育理念的哲思与智慧。在从教十五年后，我越来越觉得反思对于一位教师成长的重要性。我自觉很幸福，幸运的是终于触到了大师教育哲思的慧根，不幸的是反思多年的教育经历还只是犹如在莽莽的森林中漫步，总是缺少方向感。为师者，当有一个指引理想的航灯，只为引领前进的方向。在教育教学工作中，难免会受挫，我们往往也会因此而迷失方向，但是为师者的关键之处就在于其精神的引领性，那是对学生一种潜移默化的教育。教师的个人能长是一个不断提升的过程，更是教育教学的资源库。

跟陶行知学做老师，将教育与生活巧妙地结合在一起。陶行知先生主张"要解放孩子的头脑、双手、脚、空间、时间，使他们充分得到自由的生活，从自由的生活中得到真正的教育。"为此，他还做过一个生动的实例。有一次，教育家陶行知去做一个教育方式的报告，他带去一只老母鸡，以母鸡吃食来做示范来说明自由的方式更利于知识的习得。谈论教育的理论千万，但难得的是，能在生活琐事中，让人窥到教育的真谛，在平实中发现哲理，这是先哲的一种智慧和对教育的用心。母鸡吃食如此，学生学知识，也是如此，它需要自由清新的氛围。反思我自己，在平时的教学上，有时会犯急功近利的毛病，漠视学生的接受能力。学生的心灵不是一个容器，孩子们需要舒展、放松。在高中的教学中，学习任务重，使得我们的教学更多的时候会偏重于知识的教学与学生的知识掌握情况，但是从学习者的角度来看，其创造力和思维力会在题海的压制下被限制，从而丧失了前进的动力和空间。一个老师，如果不能从学生心底的需求出发，激发学生的心里潜能，他终究是一位游离于教育之外的人。

跟陶行知学做老师，做缓和式的教育，把学习的基本自由还给学生，让学生能想、能看、能干、能谈，能到大自然大社会里去取得更丰富的学问。纵观时下教育，有多少学生有自由时间？随着教学工作的深入，我越来越发觉阅读对于教师的重要意义，也越来越清楚地意识到阅读对于学生学习的重要性。学习的过程，应是一个循序渐进的过程，应该以学生的自我学习为基础，简单粗暴、急功近利的教育不是在真正地做教育，而是将教育产业化，掩盖了教育的美好！引导学生真正爱上学习，要胜过其他任何的说教。让学生有丰富的知识思想底蕴，头顶有一片自由的天空，方可让孩子们蓬勃发展。

跟陶行知学做老师，会发觉时下教育的现实和先哲理想的距离依然那么遥远，但是在教育的自我田地里，需要坚守自己的阵地，静心钻研，潜心于教育！

2017 年 2 月 3 日

跟朱永新学当老师
——读《致教师》有感

寒假里，我认真拜读了朱永新老师的《致教师》一书，仔细品味书中朱老师提出的每一个问题、每一句话，都发人深省，都像是发生在我们身边的事。我们每一位教师都是普通人，每天在神圣与平凡中穿行，以现在求证未来，让生命幸福完整。细细品读，朱老师认真回答着每一位教育困惑者平凡而细碎的命题。在这些因问而答的文章中，充满着朱老师对我们一线教师生活、生命与生涯的深切关怀，这些人生哲理也将伴我同行，支持我成长进步。

朱老师一直谈到教师应该过一种幸福而完整的教育生活，主张教师要从每一天日常的、琐碎的、平凡的生活中得到满足，能够从自己的成长中得到满足，能够从与孩子的交流中得到满足。教育应该让教师能够非常愉悦、非常快乐地过好每一天，每天兴奋地走进教室，满足地走出教室。印象最深的是如何抵达教师职业的四重境界：

第一，做一个让学生瞧得起的老师。简单来说，就是要做到陶行知先生说的那八个字："学高为师，身正为范"。课要上得好一点，对自己的要求要高一点，为人师表。这就要求我们用心去写每一个教案，用心去教每一门课，用心去布置每一道题目，遇到不懂的问题要有求知的热情和能力。对待学生要公平、公正，尤其要关注班级里那些看上去最不可爱的孩子。无论是家境贫寒的、身体残疾的、父母离异的、多动的或者是学习面临着困难的孩子，他们在日常的学习和生活中会呈现种种障碍，甚至会引发班级里的种种问题和矛盾，他们也正是最需要我们关注的。

第二，做一个让自己心安的老师，一个对得起自己良心的教师。我们常常说，老师这个职业是个良心活儿。的确，各种各样的评估，一张又一张试卷，也无法真正了解老师。只有老师自己心里了解自己：我是不是真正用心、尽力了？我是不是对得起面前的孩子们？社会把他们托付给我，父母把他们托付给我，学校把他们托付给我，我是不是对得起这份信任？对得起良心，才能够任何时候都心安理得。

第三，做一个让学校骄傲的老师。如果一个老师做到在学校里很难被取代，换了一个人，他做不到你那么精致、那么富于创造性，都可以成为让学校引以为荣的人。这就需要我们从自己的职业、岗位中去提升自己，把工作做到极致，就能够实现第三重境界。

第四，做一个让历史铭记的老师。当我们能够不混日子，愿意努力成为一个让学生瞧得起的老师，一步一步坚持往前走，用心书写每一天的教育历史，就能从教学中得到成长，收获幸福。

教师这个职业，既平凡又神圣。朱老师在这本书中悄然把教师还原成真实的生命，真实的人，以幸福成全生命的人。在他眼里，读书就是寻求心灵的自由，备课就是精神的体操，交友就是与未来的自己为伍，空气穿过针孔时，比穿过山谷更有快感。《新教育》中说过，只要行动就有收获，只有坚持才有奇迹，也许前进道路上仍有很多困难和磨炼，但我相信，坚持不懈的努力会让我收获很多。

掩卷而思，我情愿一直幸福地当老师，朱老师通过《致教师》告诉我们：相信自己，自己的胸怀、眼界、努力、思考、学习决定未来，从更广阔的层面上而言就是决定未来的教育，决定未来的孩子。当老师，要学会关注窗外的世界，关注教科书以外的东西，关注正在剧烈变化的社会，关注国家的大事情，为培养祖国的脊梁而奋斗。正如朱老师所言："我想，幸福是人类的永恒追寻，对教师而言也不例外。为了幸福，我们乐于做教师。作为教师，我们要深刻理解幸福的缘由。"

2018 年 2 月 18 日

跟着李吉林学当老师

——《李吉林与情境教育》读书心得

偶然听到给我们做报告的老师提起李吉林老师，于是顺手百度了一下。查到的结果：李吉林，女，全国著名特级教师，儿童教育家，享受国务院政府特殊津贴。曾当选为七届、八届全国人大代表，荣获首批全国"五一劳动奖章"、全国劳动模范。

李老师提倡情境教育。她所提出的情境教学要求设计的情境要美化，图形要美化，音乐要美化，板书要美化，更主要的是教师语言要美化。李老师的教学语言非常柔和、鲜明、亲切，语言中渗透着对孩子们的爱，使人听了有一种美感，即以情境美、语言美来揭示意境之美。

一天在网上闲逛时，我看到《李吉林与情境教育》，于是果断地在网上淘下这本书。虽说这本书不是李吉林老师写的，而是别人的论述，让人心里不免有稍许失落。但是，我还是借着假期，拜读了一下。

《李吉林与情境教育》从"成长的故事、我心中的儿童教育、我和学生在课堂里、思想索引、权威评价"这几个层面生动地再现了情境教育的诞生和它与李老师整个教育事业和生命旅程相依相伴的过程。

第一，让童心永驻心间，不懈地追求自己心中的教育理想

李老师把孩子们看作志存高远的小鸟，渴望着，终有一天，自己会插上一对坚硬的翅膀。可爱的孩子们，是李老师心灵的牵

挂和寄托。她不断地探索教学、创新教育教学之路，她开创的情境教学，总是那么情真、意切、理寓其中，学习对孩子们来说是那样轻松、愉悦，课堂成了孩子们灵性自由舒展的空间。岁月的流逝，流不走、也冲不淡李老师那颗律动的童心。

李吉林老师，让自己的童心在自己的工作中肆意绽放，用自己的童心去感受童心，用自己的童心去感染童心，用自己的童心谱写心中理想的教育之歌。

反思我们自己，或许与李老师相比，我们最欠缺的就是对孩子历久不变的真爱和永不泯灭的童心。我们总是以各种各样的借口来搪塞，于是将自己置身于"无边的痛苦"之中。以童心的视角来看待学生，许多时候，我们会多一分宽容，多一分解决问题的智慧，更会增添几分对自己教育理想的执着追求。

第二，让激情与工作常伴，谱写教育事业的精彩乐章

李老师质朴而诗意的人生，其实也充满了坎坷，布满了荆棘。父亲的早逝、家庭的贫穷，这让李老师的童年抹上了灰暗的色彩，但从另一个层面上也磨炼了她的意志。过早地挑起家庭的重担却也促进了她的成长。她需要早日挣钱养母，于是她放弃了进入高等学府的机会。虽然十年浩劫，李老师不幸成了受害者，望着曾经的心血转眼间化为乌有，更是让李老师不禁潸然泪下。但身心两方面的双重打击并没能把她击垮，她在彷徨、哀怨、愤怒、憧憬中苦苦等待了十年。

劫后余生的岁月，李老师倍感珍惜，更是将澎湃的激情投入到了她的事业中。她在教育改革的大潮中努力践行着自己的教育理想，从情境教学到情境教育再到情境课程，二十多年不停地耕耘，更用智慧和汗水谱写了一篇篇教育事业的精彩乐章。她对自己的事业始终充满探索精神，动力从何处而来？或就源自于她对教育事业的赤诚热爱、对教育改革的主动热情和勇攀高峰的执着追求。她身上所弥漫的对学生、对事业的激情，正是最打动我们、

最值得我们学习的地方。

从这本书中，我们读到的不仅仅是李吉林老师的教育历程，更深深地领悟到她的人格魅力。阅读《李吉林与情境教育》，将会让我们众多的普通教师有机会去追寻李老师的足迹，从李老师身上汲取力量，从情境教育里吸收营养，滋润心灵。情境教育为更多的孩子插上飞翔的翅膀，让更多的孩子享受到教育的快乐，对教育事业的激情更是成就了李老师的诗意人生。李吉林老师在为人、处世、治学、从教等各方面都达到了很高的境界，是我们学习的榜样。她的人生也是成功的人生，而她的成功就得益于她不断学习、不断思考、注重实践、创新的敬业精神；得益于她对理想永不言弃、执着追求的精神；得益于她无限热爱儿童、忠诚于儿童教育事业的奉献精神！

或许作为普通的教师，我们永远也无法达到这样的高度，但我想只要我们有工作的激情、不轻易为岁月所累，只要我们能不安于现状、勇于突破，只要我们不怨天尤人、正视我们存在的问题并不断努力去解决，我们一定会找到属于自己的一片天空。

其实，这也就是教育的幸福所在！

2018 年 2 月 22 日

跟着李希贵学当老师

在中国，提起北京市第十一中学，恐怕无人不知、无人不晓，而作为北京市第十一中学的校长李希贵，他的教育思想影响了诸多的中国教育者，我也曾拜读过他的一些文章，从中受益良多。

李希贵注重学生的心理成长教育，在他看来，教会学生"学会输"或许决定孩子一生的命运。乍一听，让学生学会输，或许是许多老师和家长都不愿意接受的话题，因为在胜者为王的时代里，"输"显得是如此的不和谐。但是仔细想来，这个世界上不会有永远的赢家。当我们不遗余力地教育我们的孩子去追求成功时，我们似乎忽视了教会孩子如何去接受失败。只有在人遭遇失败时，才能看出一个人的伟大。教会我们的学生学会输，就是教给他们一个强有力的工具，去在挫折后寻找光明；就是教会他们在人生中学会适时低头的勇气。在我任班主任的这十几年里，我总是会遇到一些学生不能承受自己成绩的退步，更有甚者出现了心理问题。姑且不去罗列众多古人蛰伏蓄力的故事，更为重要的就是培养学生一种理性客观的人生态度，这是他们人生的财富。

李希贵认为："没有学生立场，选择就不会是真正的教育。"他正是以如此的管理理念管理着学校，是学校得以长足进步和发展繁荣的秘诀。每一个学生有自己的不同的方向，每一个学生自主管理自己的时间和学习生活的时候，跟学校管理的冲撞处处都是，这就需要学校管理者在进行管理的同时，进行积极的换位思考、创新式思考。在我们的实际工作中，会时不时地碰到与学生的思维冲撞的时候，而这个时候，我们决不能以自我为中心去处理问题，而是应该选择多角度思考。记得初任团委书记时，我就在楼道里设立了学生意见箱，并设立了学生自主管理委员会，这小小的变化却是站在了学生的视角，充分考虑了学生立场，收效甚好。在我任班主任的这些年，我总是在班级推行学生自主成立小组、自主排座位、自荐班干部等管理方法，受到了学生们的欢迎。真正的教育的最高境界就是"不教"，而达到比教育更好的效果。

李希贵认为："教育面向个体，是新学校理念的精髓。"学生发展，应该放在学校工作的首位，这就是需要将人性美充分地贯彻到教育的各个角落中。作为班主任老师，了解每个学生的内心世界，甄别其中的差异是一项重要的工作。尊重学生个体是基础，更要尊重学生学习生活的方方面面。有一个小女孩，她的右手天生残疾，但是她总是以正常学生的标准要求自己，在进入高中后，倔强的她也没有选择主动向老师说明情况，于是她因为没有按要求穿校服被老师罚站。这是我读到的一个小故事，引起了我的思考。当然，从小女孩和老师的双方角度来看，他们都没有错误，可是，换一个角度来看，他们都犯了错误，而作为教育者的老师，显然没有做到尊重个体的差异性。一名离校 5 公里的学生和一个离校 300 米以内的学生同时迟到了，表面上看，他们都迟到了，可是事实上依然有差异。

李希贵认为，老师不幸福，很难塑造出幸福的学生。一个老师不幸福，他就不可能塑造出幸福的心灵，就不可能塑造出幸福的学生。老师的个人幸福感是工作、生活良性循环的前提和基础。做一名优秀的老师，需要付出的很多，但是，做一名幸福的老师，可能需要付出的更多。我十分崇拜的一位老教师曾对我这样说："课，永远比天大。"对于老师，登上讲台，你就必须是战无不胜的勇士，你就必须是学生通往知识宝库的引领者。虽然，我们老师也是普通人，难免经受生活中的五味杂陈，但是面对我们的工作，我们要以幸福的姿态和心情去迎接，这是一种高层次的职业道德要求。

李希贵认为："教师要修炼自己的绝活。"有绝活，才能更好地引领学生成长，作为一名老师，一定在某个方面有一个高度，以这种高度来影响学生，引领学生，来给学生以激励，给学生以示范，给学生以榜样，教师的高度才有可能成为学生的高度，教育自身也就有了高度。我们学校的老一辈名师中有画圆不用圆规的，有画直线不用直尺的，有上课可以不带教案的，更有张嘴可以背诵字典中的重要词条的，这就是他们的绝活儿。当然，也有些老师有突出的个人特长，也未尝不可。练就绝活和本领的过程，就是积蓄力量的过程。只要下定决心去做，这追求的过程本身也就是一种驱动力。能在常人做不到的地方取得不同凡响的成就，就是一种绝活儿。

做教育、当老师的过程，从来不是一条坦途，我们的学生是一个个鲜活的个体，所处的环境又是不断变化的，我们只有不断地领悟，不断地反思，不断地积淀，才能不断地前行！

2017 年 8 月 10 日

《做内心强大的教师》读后心得

　　教师，只是大千世界里的普通人，也要面对专业发展、人际互动、婚姻家庭、个人成长等问题。《做内心强大的教师》中，杨敏毅和王震两位老师把选取的 48 个心理干预案例作为切入点，将我们从狭隘的学校教育的教师概念中解放出来，扩展到教师的家庭生活，做一个内心强大的教师的内涵就更为全面、立体、有人情味。

　　在教育过程中，教师的学识、修养、品行无时无刻不在影响着学生，教师的心理状态是否良好就直接关系到对学生影响的程度。要想做一个内心强大的教师，一定是一个不断修炼、不断完善、不断成长的教师，一定是一个历尽艰辛而百折不回、勇往直前的教师，一定是一个悦纳自己、理解他人、奉献爱心的教师。

一、优秀到不能被忽视

　　学校请来了已经退休多年的几何老师沈老来为学校 40 岁以下的青年教师做报告，他展示给我们他的备课簿，他的题单册，他在 20 世纪 80 年代出版的书，带给听讲座的我们无比的震撼……其实，很多时候，是我们都还不够努力，当我们努力到自己感动了自己的时候，我们才有了价值，才有了夺目的光芒。《做内心强大的教师》这本书的第一辑标题"优秀到不能被忽视"很是催人奋进，其实很多时候，我们并没有努力到感动自己，努力到不可替代。优秀只能从勤奋中得来，没有勤奋的工作哪能换来骄人的业绩,没有勤奋的工作哪能换来别人的尊重与敬佩。这是一条艰难的通向成功的路径,也只有这条路才是教师成长的光明大道。

教师的职业倦怠问题一直是我们无法回避的问题,职业倦怠的根源在于抱怨与迷茫。与其常常抱怨命运的不公,抱怨领导的不近人情、抱怨同事的狭隘、抱怨学生的乖戾,不如安下心来做自己应该做的事,钻研自己的业务。其实,抱怨丝毫不能解决任何问题,我们需要正视目前的困难,勇往直前。如果只是迷茫地混日子,简单地重复自己,不去挖掘和拓展,就难免会产生无名之火,焦虑万状,甚至恼羞成怒。

想要"优秀到不能被忽视",就需要坚定自己的信念,不轻易地被别人的评价左右自己,要有自己的思考力和判断力;想要"优秀到不能被忽视",就需要明确自己未来的目标,要仔细斟酌,慎重选定目标,并为之努力;想要"优秀到不能被忽视",就需要不断地激发自己职业发展的内驱力,要以客观地评估自己的能力、气质、性格、特长等为基础。

二、智慧地绕过人际险滩

虽然教师的人际交往相对比较简单,交往的对象主要是同事、学生以及家长,但在交往中教师也存在着一些问题。在和同事相处方面、在对待学生方面、在处理与家长关系方面,最需要强调的"智慧地",这理应成为教师处理人际关系的常规装备。面对社会对教育越来越高的要求,面对越来越复杂的家校纠纷,面对越来越难管的学生,智慧地处理人际关系能够春风化雨,取得理解和支持,有利于各项工作的稳定开展。

想要"智慧地绕过人际险滩",就需要心怀感恩,用一颗感恩的心去对待周围的人与事;想要"智慧地绕过人际险滩",就需要与人交往有度,要保持正常的、融洽的、和谐的师生关系;想要"智慧地绕过人际险滩",就需要学会从换位思考,多站在对方的角度看问题，尽量多地为对方着想。要把尊重、理解、接纳和包容作为人际交往的密码。

三、愿你被生活温柔相待

生活不可能是完美的，但是，我们却总是倾向于追求完美，幸福往往属于那些勇于战胜生活的窘境的强者，正所谓"人生有一个四大平衡法则：有利有弊、有升有降、有长有短、有喜有悲"，我们在祈求命运的眷顾的同时只能在这个纷扰的凡尘中修炼好自己，能诗意而从容地安排自己的生活。

"愿你被生活温柔相待"，就需要用充满爱和真诚的眼光去交往，身为人师，却也是多种角色，来自各方面的外部要求和自身的内在要求使得老师面临着多种角色的抉择；"愿你被生活温柔相待"，就需要以积极的心态去接受自己的每一个人生角色，平衡工作和生活中的各种关系，需要从高度、深度和宽度三个维度来分析，懂得取舍，有效地整合自己的资源。

四、拥抱不完美的自己

人生一定是不完美的，这从另一个角度看，或许是好事，因为这样让我们有了追求完美的渴求。我们总是愿意向外寻求，寻求世界的奥秘，寻求他人的理解，寻求物质的满足，但恰恰在向外寻求的过程中，我们变得浮躁和迷失，我们缺少了静静体会的美好。我们需要花点时间独处、冥想、内观，跟自己达成一个和解，接纳自己的不足，坚信自己的价值，别让被人的评价左右自己。

"拥抱不完美的自己"，就需要花点儿时间爱自己，一个不爱自己的老师怎么可能有能力爱他人呢？要培养积极乐观的人生态度，修养自己的身心，要培养健康高尚的人生志趣，要养成作息规律的生活习惯；"拥抱不完美的自己"，就需要花点儿时间交朋友，要有足够的自信交到与自己志同道合的朋友，虽然自己并不完美，但在和朋友交往中我们可能就会不断提升起来，主动与他人交往本身就是对不完美自己的一个拥抱。

　　真正的强者在于内心的强大、对生活的热爱。时间用忙碌拒绝蹉跎，用拼搏获取成功；岁月用繁茂拒绝洪荒，让耕耘承纳收获。前方那个值得等待与期待天籁的微笑，它在召唤现在的我，一个虽然很幸福知足却又要继续前行的自己！愿自己能有朝一日成为强大的教师！

2018 年 1 月 24 日

教育的视野

——我读《学校里没有讲的教育》

　　这本书，想来，已经买来好几个月了。之所以买这本书，最初是因为被这本书的书名所吸引。高万祥，作为书的作者，也是一位全国知名的语文特级教师，他把自己对人生的思考、片段的回忆，用一个个精彩的故事呈现给我们，因此从这个角度上讲，这本书更像是他的自传。

　　当我们审视今天的教育，我们会发现我们把教育的重心不自觉地偏向了知识的讲授，花费了大量的人力、物力、财力，更是倾注了我们大量的心血去教学生考试。而对学生一生成长起着关键作用的真正的教育，我们往往却没有给予足够的重视。而这本书，看似是高老师的个人经历和故事，而更像是在提醒着我们要重视这样的一种教育。

　　在书的第一辑中，高老师着重回忆了自己的成长经历，他对美好的儿时生活的描述、他对自己美好大学时光的赞美、他对自己个人成长中遇到的"贵人"——那些他职业生涯中的恩师们的感激，都折射在他的文字里。在书的第二辑中，高老师把自己与书紧紧地联系在了一起，从书里书外找寻自己的幸福、智慧，更从中获取了极大的精神满足。第三辑中，高老师把自己对教育的些许感受原汁原味地呈现出来，更提出自己对人文教育、爱心教育及时下的学校教育的一些看法。他把自己的退休视为人生下半场的开始，更坦言因为教育使得自己与孩子们在一起，心永远是年轻的。

在高老师看来，真正的读书人应该具备以下特征：第一，爱读书，尤其爱经典阅读。第二，把读书作为生活方式，并且因为爱读书改变了自己的生活方式。第三，具有圣贤精神、家国情怀和社会责任感。带着不同的目的读书，读书也会回报给我们不同的结果，经典阅读是最深层次的阅读，是影响我们心灵和精神的阅读。也正是能通过不断地阅读，才能使我们拥有更多的思想，更多的爱心、良心和责任心。

曾有学者对读书如此评述："生活再累也要读书，工作再难也要谈书，收入再少也要买书，住处再挤也要藏书，交情再浅也要送书。最庸俗的人是不读书的人，最吝啬的人是不买书的人，最可怜的人是与书无缘的人。"高老师之所以能成为知名的教师，与他对教育的满腔热忱，对教育的一往情深是分不开的。这种热忱是一种个人素质，是一种性格，更需要人以积极的心态去配合。我们是否对我们自己的工作报以满腔的热忱？我们是否对我们的事业一往情深？纵观诸多的教育大家，无一不深爱自己的事业，无一不孜孜不倦地探索教育教学的新路，无一不以积极阳光的心态去面对挑战！

在物质极度富有的时代里，我们的精神需求更加值得关注。面对难以解决的教师职业倦怠问题，许多学校已经开始采取措施，关注教师的精神家园。学校是大爱的天堂，教育就是爱，爱就是教育，理想的校园不仅是一个书香四溢的校园，更应该使每一个学生受到理解、尊重和信任，每一个教师体验到幸福、满足和责任。这正如高老师所说，一系列的日常生活中的琐事，更是培养学生人格的重要实践工具。教师对工作的热情和信仰，是学生创造力的助力器。

高老师以讲故事的方式，把他人生的前半程 60 年来印象最深、最好的人与事，包括一些细节和瞬间娓娓道来，再现了他每个人生关键节点的触发事件与心路历程，演绎了他的教育情怀与教育智慧。"学校里没有讲的教育"，却包含了他的思考、遗憾和痛心，更寄托了他的理想、热情和期盼。幸福是什么？是来自自身家庭责任得以实现而感受到的幸福和温暖，是来自自身在工作中的价值得以体现而感受到的前进的力量，是来自自身教育信念和实践得以传递而感受到的鼓舞的力量。幸福是什么？是快乐和意义的结合。或许，这才是教育最应该做的事情，也是我们应该拥有的教育视野。

2018 年 2 月 19 日

《从优秀教师到卓越教师极具影响力的日常教学策略》读书心得

　　感恩寒假里，终于有了许多自由支配的时间，可以读一些书，自然也有了些心得与体会。作为一名年届不惑的教师，时时感受到不学习就要落后的压力，所以总是在不断地寻找动力，也深刻地认识到只有不断学习、不断进步，才能从一名年轻教师成长为一名优秀教师再到卓越教师。读《从优秀教师到卓越教师极具影响力的日常教学策略》这本书，就像是在品尝茶余饭后的小点心。每天只需要花几分钟的时间，它就能给你带来充实和惊喜，甚至是有意无意的改变。

　　书的前言中提到，卓越教师都在为两个共同的目标而奋斗：让教学技巧一天比一天进步；避免在同一个地方犯同样的错误。教师个人专业成长的过程是一个循序渐进的过程，更需要一种持之以恒的精神来对待自己的专业发展。想要避免在同一地方犯同样的错误，就需要我们个人不断地进行总结和反思，这个过程也是自我进步和完善的过程。

　　《从优秀教师到卓越教师极具影响力的日常教学策略》是一本覆盖全学年的实用教学指南。内容丰富，篇幅精简。一共包含180天，几乎覆盖了整个学年的教学时间，每一天为教师提供一个与教学相关的方法、策略或者行动建议，以提高教学的有效性。如《第一天：积极快乐的第一印象》《第五天：课堂管理究竟是什么》《第45天：了解学生心目中的英雄人物》……事实上，教学是严谨的，又是极其琐碎的，它常常让老师们忙得不可开交，没有时间和精力去阅读大篇幅的文章。而本书的设计，恰好弥补了这一点。它的语言通俗易懂、轻松幽默，每天一个简单易行的教学策略，在工作之余，完全有时间去阅读。不仅如此，每隔 20天，本书会为教师提供一个教学实践检验调查问卷，以检验哪些策略自己能有效执行，并分析为什么会有效的原因。每天只需花几分钟的时间，就能帮助教师获得新进步、新收获。参加工作以来，我总是尽可能地挤时间阅读，也因此养成了读读写写的习惯。许多教育大家在阅读与教师专业素养方面都达到了一致：阅读是教师日常工作的必备组成部分。

书中所提供的日常小技巧简单、实用，渗透着"以学生为主体"的教育理念。比如第六天和第七天的《课堂规则不宜超过 5个》《课堂常规需要反复练习》中提到一种现象，即老师制定了10 个或者更多的规则贴在教室墙上，明确告诉学生什么可以做，什么不可以做，并制定一些合理的惩罚措施，来维持这些规则。然而老师制定规则，学生却常常破坏规则。批评也好，惩罚也好，总是屡禁不止：不举手就发言的，上课讲话的，喝水的⋯⋯ 在作者看来，这些不良行为的产生，是由于老师们混淆了"规则"和"常规"。最常见的规则都是老师单方面提出来的，并没有和学生一起制定，而大多数老师并不清楚规则和常规之间的区别。规则用来规定和调节严重不当行为，能在一定程度上防止学生的严重过失。一旦规则被打破，就必须对学生实行严重的惩罚。规则需要附加合理的惩罚措施，并明确告知学生，以确保每个学生都清楚这些规则及其相应的惩罚措施。而包括日常行为的课堂常规需要反复练习，即使被打破，也只需要让他们继续练习。

批评或是惩罚只对被罚的学生有短暂的效果，治标不治本。正如书中所说："忘记常规和规则的学生，其实不是不聪明。当他们一次又一次地忘记时，你要做的只是耐心地提醒他们，谢天谢地，他们仅仅是忘记，还没有犯错！"我们要正视现实，学生是被教育的对象，批评并不是唯一的教育手段。教师的工作就是培养他们，转化他们，转变他们。只有明确了这一点，才具备一名合格教师的品质。我们需要从问题的本质出发，才能理清思路，更为有效地解决问题。

　　教育是围绕着孩子的。每一位学生，都有权接受最具爱心、最具责任感的教育，这也是我们奋斗终生的目标和梦想。古今中外所有有成就的教育家，都把爱当作教育成功的法宝。没有足够的爱心，就没有办法与学生进行正常的交流，也就没有办法真正地了解学生，进而帮助学生。众多的优秀教师也不是培训出来的，其工作能力是在实际工作中锻炼出来的，需要扎实的基本功、广博的知识和良好的综合素质，这需要教师要不断自觉学习。

　　"教育——这首先是关心备至地、深思熟虑地、小心翼翼地去触及年轻的心灵。……教育者还必须具备一种对美的精细的感觉。你必须热爱美、创造美和维护美（包括自然界的美和你的学生的内心美）！"

2018 年 2 月 22 日

让心不孤独

——读贾平凹《自在独行》有感

《自在独行》是我读到的贾平凹的第一本书，轻轻地翻开书，立即被他笔下的清新与洒脱所感染，更对其渗透与折射出来的人性思考进行了深思。

正巧，学校让班级申报先进学生，我就让学生们投了票，结果却发现，班上最优秀的孩子落选了。他在课下找到我，委屈地流下了眼泪。在安慰他时，我想到了贾平凹在《自在独行》中的描述："在追梦的路上，孤独是暂时的，放弃追梦才是真正的孤独。"我心中有更多的言辞去安慰他，但是，相比之下，我认为他应该用最无可争议的表现去应付自己的挑战，于是我鼓励他做最优秀的自己，而不是过多地在意别人的评价。在两个月以后的考试中，他获得了总分年级第一的好成绩。他兴奋地对我说："赵老师，只有梦想才能给我前进的最大动力，感谢您的鼓励而不只是安慰。"的确，当你在"孤独"的道路上行走的时候，你最怕接受怜悯和同情。生活中的道理也是如此，当我们怀着好意、怜悯的心去与那些备受严酷现实苛责的人接近的时候，他们也许会突然间泪流满面，但这不代表着他们被困难吓倒，或是就此我们就认为他是一个需要怜悯的人。事实上，他只是在坚持，坚持到自己实现理想的一刻。

在贾平凹先生的《自在独行》中，他记叙了这样一个作家：当他的名声流布全国的时候，对他的诽谤也铺天盖地，他总是沉默着。当有一次"我"向他阐明事理的时候，他泪流满面，并说了一句"我并不孤独"，然后匆匆走掉。或许是这个作家的"忍"，或许是他的"坚"使他最后成为文化界的著名作家。对于这样的人，我们总是另眼相看。他们在一片污浊的世界中，坚持自己的理想，想来是孤独的，但他们并不"孤独"。

当我们驻足历史的长廊前，我们会发觉，古往今来，有多少豪杰、伟人都经历过这种"孤独"。他们看似是无人理解的孤独，但他们拥有对理想的执着，终将走向真正的"孤独"，这种真正的"孤独"并不是孤独，而是对圆满自我的一种使命的召唤。无论是陈胜的"燕雀安知鸿鹄之志"，还是范仲淹的"先天下之忧而忧，后天下之乐而乐"，抑或是毛泽东的"数风流人物，还看今朝"……正是他们执着的信念，使得他们被人们欢呼、崇拜。他们坚守自己的理想，呵护自己的梦想，正如贾平凹先生所写："尘世上并不会轻易让一个人孤独的，群居需要一种平衡，嫉妒而引发的诽谤、扼杀、羞辱、打击和破坏，你若不再脱颖，你将平凡，你若继续走，走，终于使众生无法赶超了，众生就会向你欢呼和崇拜，尊你是神圣。神圣是真正的孤独。"在以群体方式存在的社会里，遭人妒忌和羡慕是必然的，但是如果因此而偏离自己的路，或许我们真的就背离了我们的初衷，与我们的初心南辕北辙。

有的学生考上了理想中的大学，结果就失去了本心，无所事事地"寄生"在大学生活里，甚至有许多大学生表示：如果重新选择，他们情愿选择回到高中，这个层面上孤独才是真正的孤独。生活中，我们也会发现我们心心念念要追求的一些东西，一旦拿到手里，却没有想象中的幸福和快乐，这种失落也是一个层面上的孤独。在我们的理想达到的时候，便会产生真正的"孤独"，而道路中的不被理解，被群攻，他们只是真正孤独的影子。

孤独走向未来，心却不孤独，因为那些事常在，那些人还在。何不选择默默地看世界。世上的事，认真不对，不认真更不对，执着不对，漠视也不对，平平常常，自自然然，我们所能掌控的只有我们自己。

　　人生不过短短数十载，别人都是我们生命里的过客，自己才是生命里的主角。何必计较太多，而错过生命中的美好？自在独行，随心所欲；畅游世界，让心不孤独！

　　书中经典语录摘抄：

　　好多人在说自己孤独，说自己孤独的人其实并不孤独。

　　孤独不是受到了冷落和遗弃，而是无知己，不被理解。

　　真正的孤独者不言孤独，偶尔作些长啸，如我们看到的兽。

　　——贾平凹《自在独行》

　　人最大的"任性"就是不顾一切坚持做自己喜欢的事，只有这样，人才可以说，我这一生不虚此行。

　　——贾平凹《自在独行》

2017 年 11 月 21 日

"公平而有质量的教育"——路有多远？

最近几年，总在各种媒体中听到这样的词汇，实现公平而有质量的教育。公平而有质量的教育，看似简单的目标，却是每个中国家长、每个中国学生内心的期盼。那么，这条路到底有多难？路有多远？

前几天，我接到了同学的电话，是一位多年未曾联系的高中同学，她如今和她的爱人在北京工作，但是却面临着孩子上学的问题，因为他们的孩子没有正式的北京户口，即便是在北京上了初中、高中，却不能享受同样的高考政策，怎么办？电话中，她几度哽咽，她是普通家庭的孩子，奋斗了 12 年，寒窗苦读，最终上了理想的大学。大学中她苦读 4 年，用尽自己的潜能，最终毕业时在北京得以有了还算体面的工作。可是，没有家庭的经济支持，在北京买房谈何容易？有质量的教育距离他们的孩子似乎依然遥远，而公平，就更不用谈及了。因为众所周知，北京的户口之所以这么值钱，也是因为在北京高考会享有众多优惠的政策。也有人会说，如果让这些外来户都来北京，也就是所谓的"高考移民"，那么对北京本地考生不就是不公平了吗？我们看到的是北京林立的高楼，看到的是北京整洁的市容环境，看到的是北京繁荣的商业，看到的是北京荟萃的文化，更可感受到的是北京深厚的人文底蕴和情怀。在这样的一座城市里，有多少外地人在默默地工作着？这样想来，这已不单纯是教育公平的问题，而上升到涉及老百姓切身权益的问题。

　　我被学校抽调去参加一个调研活动，关于"中招政策及制度改革"。在我们这样一个准三线小城，义务教育的不均衡是必然的。在某些"名校"的周围，房价高到离谱，且成为一些别有用心的"炒房族"寻求利润的空间。名校有什么？在儿子上小学前，我曾下过决心，不让他上名校，并曾固执地认为义务教育，尤其是小学阶段，没有太大的差别。但是，在亲朋好友的规劝下，在众多事实面前，我屈从了，为儿子进行了小学的择校。儿子上小学的这一年多来，我深刻地感受到了"名校"的氛围，从学校的整体上看，无论是硬环境还是软环境，还是相关的配套设施，都是处于领先地位；学校的师资力量自是优中选优，纵使不能保证百分之百的优势，但是整体水平不可小觑；学校的活动及社会影响力，更是无可挑剔，孩子在学校的时光是快乐的，所举办的各种活动也堪称有质量、有水平。当然，"名校"有其不可回避的缺点，但是瑕不掩瑜，其整体的吸引力足以让家长们为学区房、名校指标而趋之若鹜。管理层面总是在绞尽脑汁地想方法去制约、去平衡，但是从效果上看，也只是"治标不治本"的做法，"名校"依然以其自身的独特魅力屹立不倒。我也注意到有些强弱联合、组建教育集团的例子，可以均衡地利用教育教学资源，更是最大限度地推广优质管理，这不失为一个好的办法。但是，我更多的时候在思考，如何解决历史遗留的问题？如何从根源上解决问题？或许这才是我们应该想的问题。从名校的构成要素分析，我认为我们最应该思考的是教师队伍的素质问题和优势管理理论问题。我们可以目睹一所学校的情况每况愈下，也只是三五年间的事，而相比而言，想要一所学校的情况实现蒸蒸日上，付出的努力可想而知。所以，学校之间的平衡与否，不是一朝一夕的事，是一个包含近期目标、远景规划的完备计划，更需要多个监管部门的协调和资金、政策支持。

　　前几天，读到一篇热文，题目为"上了名校才知道，人和人的差距竟然这么大!"这篇文章在网上被疯狂转发,引发了无数人的感慨。

"一所好学校,对孩子的重要影响,真的是一辈子的。好学校,教给学生真正的努力和拼搏。上了好学校才知道,从来就没有什么不劳而获的成绩,也没有什么随随便便的成功。每一分进步,背后都是一步一个脚印的辛勤努力。"

"去了好学校,能大大拓展我们的视野和见识,让他亲眼看到,牛人到底是什么样子,差距有多大,自己要向哪个方向努力。"

"好学校教给学生,学习并不是最重要的事儿。"

"好学校给学生最优质的人脉、圈子、资源,名校不能确保人生的上限,却能设定人生的下限。不止给了学生敲门砖、入场券,还给了人脉、圈子、资源。"

——摘自《上了名校才知道,人和人的差距竟然这么大!》

凡事,我们要注重把握度,过多的关注、过多的要求,有时候反而让好事变成了坏事,甚至误导了社会的心理。我们无法否认的事实是,上名校仅仅意味着有一个好的开始,不一定代表一定会成才,相反的,没有上名校却也是会出栋梁的。因此,衡量一个人成才与否,标准也不只有知识或学历那么简单,我们更希望身处这样一个互联网＋的时代、一个瞬息万变的时代、一个机会无处不在的时代,我们的评价更为标准、客观、公正。我们更希望我们的名校能更充分地发挥作用,起到带动性和引领性的作用。我们更希望我们的孩子早日享受到"公平而有质量的教育"!

2018 年 2 月 27 日参加调研座谈后的感受

享受"累"中的快乐与幸福

—— 写在《善待你所在的单位》读后

　　有人说现代社会是一个浮躁杂生的时代，我们的社会在高速地发展，我们的生活水平在快速地提升，我们的满足感却没有随之提高。不知道从什么时候起，人们总是愿意说起一些单位工作轻闲、俸禄优厚，而常常抱怨自己挣得太少待遇太低，抱怨起早贪黑工作压力太大，抱怨我们学校"学苗"的水平今非昔比，"成绩下滑，责任不在我"。进而在工作上态度消极、不思进取，得过且过、应付差事，患得患失、无所作为。

　　读了好友推荐给我的《善待你所在的单位》，乍一看，没有太多的体会，只觉得是一篇自我安慰的"精神鸡汤"，但是仔细回味，却有了豁然开朗之感。学校是我们提升身价的增值器，是我们安身立命的客栈，是我们在家庭和社会上的发言权；学校的发展和成绩可以帮助我们赢得社会的尊重，实现自身的价值；学校才是显示我们存在价值的舞台，离开学校，我们在社会上什么都不是，什么都没有。

　　相信也不只是我有这样的感受，无论在哪个单位工作，我们都应该有一种强烈的归属感，这种归属感就要求我们对自己的工作负责，对自己的工作负责就是对我们自己负责。把工作看作负担，也是一天的工作，把工作当作快乐的源泉，也是一天的工作。就像我经常对我的学生说，"除非你有权利和能力去改变你的现状和未来，不然在目前的情况下，改变自己才是一剂良药"，努力从教育教学工作中找到快乐。

"累并快乐着"，普天之下，没有一份工作是不辛苦的，想做好一件事情，一定是不容易的。曾经的一个偶然机会，我看到了我们学校一位有着40年教龄的老教师的教案，说那是一份知识宝库，一点儿也不过分。这位老教师就是我们学校建校百年以来唯一获得"功勋教师"殊荣的潘闯老师，他自制教具、挂图，他为学生批卷常常至深夜，他为学生答疑几十年来都是义务奉献，他在自己退休前的日子里，由于已升格为"外公"，为了不耽误工作，他特意租了个房子。每每见到潘老师，我总是能感受到正能量，他对工作的热爱程度是大多数人所不能达到的。许多事情，做一年、两年，不困难，难的是以一贯的热情做几十年。在充满诱惑的时代，需要一种精神来支撑我们，需要一种力量来引领我们，需要一种觉悟来教育我们。

我感恩我的单位——锦州中学，我2003年大学毕业应聘来到这所名校，我从一名普通老师做起，做班主任一做就是15年，更是感恩学校自由清新的氛围，让我有机会走上中层干部的岗位。我确信一句话"工作是给自己干的"，更感谢每个工作的平台、自己的每一个角色，让我从不同的层面得以进步和成长，使我掌握了很多书本上学不到的知识。更是学校给了我一个展示自己能力的平台，如果说单位是竞技场，它使我体会到了努力和拼搏的意义；如果说单位是培训基地，它培养了我个人素质和实战能力；如果说单位是我的经济来源，那么它还是提升自身价值的增值器。工作以来的15年中，我也逐渐走向了自然、宽容、成熟。日本松下公司创始人松下幸之助曾说过这样一段话："如果你有智慧，请你拿出你的智慧；如果你缺乏智慧，请你拿出你的汗水；如果你缺少智慧，又不愿意付出汗水，那么请你离开单位。"松下的话再明白不过地诠释了我们个人与单位的关系。

"单位是你安身立命的客栈，单位是你在家庭和社会的发言权"。要沉下心来，单位不是走马观花，更不是旅游度假，它是我们一生的根据地，它的荣辱兴衰和我们的命运息息相关。"家庭离不开你，但是你离不开单位。离开单位，你什么都不是。"

在开学之初，让自己重温一下曾经引起我内心波澜的文字，更加明白自己的方向。享受"累"中的快乐与幸福，世界一定会为那些有目标和有理想的人让路！

2017 年 9 月 1 日

从儿子对手机的依赖看"高效德育"

不知从何时起，儿子开始迷上了手机，而且成了一名名副其实的"低头族"。起初，我并没有把这件事情当回事儿，认为小孩子嘛，爱玩儿是正常的现象。但是我却发现，事情越来越不是我所能掌控的了。儿子开始自己从网上下载游戏，甚至还偷偷地点了同意支付，且不说这钱数的多与少，我得知此事后，很是生气地批评了他，他却不以为然。于是，关于一个二年级小学生的"教育大战"在我们之间一触即发。

在儿子到底应不应该动手机的问题上，家里人分成了三派（一共五个人）。赞成、中立、反对，这三派在喋喋不休的争论中难以停止。儿子认为他爸爸管束得太过严格，不应该这么彻底地禁止他与手机的接触，还振振有词……

急，是教育工作中的大忌，尤其是德育工作。反思对儿子的教育问题上，我和爱人是有些急躁的，急于求成，不能客观地理清头绪，导致教育的过程出现诸多问题。让儿子懂得道理，父母当是第一任教师，责任不可推卸。

德育问题，无捷径可走。没有捷径是必然的，因为更多的时候，我们的被教育对象是不可能通过自我教育完成德育问题的转化的，因此，教育问题上，特别是德育上，更需要耐心、爱心。教师必须要有平常心、责任心，做好陪伴、引导，静待花开。德育工作更多的是激发，让学生自觉、自主，不断学会做人，尊重珍惜生命，学会学习、学会生存生活。

有效性，是德育发生效力的前提和基础。教育过程中，被教育对象应该是处于开放的状态，才可易于接受教育。否则，再多的教育也是无功而返，也只是水中月、镜中花。

效率的前提是有效教育。人的心理成熟，身体健康成长，是一个渐进、渐变的过程，是一个浸润、濡化、熏陶的过程，好德育，慢慢来。我们在片面追求效率的时候，往往会忽略了教育的质量。而德育又注定是一个缓慢的过程，多一点耐心，多一点等待，多一点智慧，德育才真正能落到实处。

有效地参与德育过程，可以最大限度地提升教育的效果。换而言之，就是被教育者需要首先认同德育过程的发生。如若一个人不认为自己的行为有过错，那么你对他的说教必然不会发生效力。这就要求在德育过程发生之前，在问题的认识上是公正客观的，需要符合被教育对象的认知水平，且在其能力范畴。儿子总是和我抱怨，认为我们对他的要求过高。他总是喜欢和自己的同学相比，他比同学强在什么地方。或许，从这个角度上看，真正应该反思的是我和爱人的教育观。在家长对孩子设立方向和目标时，孩子对其认同感显得十分重要。当然，作为家长，我们是孩子人生路上的领航人，需要为孩子把持方向，但是也要懂得因人而异、因时而异的道理，或许我们更需要不断地警示自己。

从被教育对象的角度上看，采用可以接受的方式，是尊重人的体现，也是尊重教育规律的体现；从教育者的角度上看，采取合理有效的方式，方可发挥自身的作用；从德育的效果上看，如何让孩子们有所感悟、有所理解、有所提升，是验证其效力的最好办法。

"高效德育"在实践的反复验证中，或将随着"高效课堂"中高效两字的热度，慢慢褪去。有温度、有黏度且带有质感的德育终将产生理想的教育效果。

2018 年 2 月 28 日

教师，应该从"心"规划

——《名师悄悄在做的事》读后感

没有特定的读书任务，只是听从了别人的建议，我便读起了《名师悄悄在做的事》一书。读罢，深深为其所动，因为这本书不同于纯理论性的教育著作，每个主题中所呈现的"名师故事"生动、形象；所体现的"教育启示"理念先进，点拨到位，很有指导性、操作性、很实用。

叶澜教授曾说："一个教师写一辈子的教案，可能永远是只是一个教书匠，而坚持写三年的教学反思，可能就成了一名名师。"这种说法印证了众多名师的成长之路，也足以说明反思对于一名教师成长的巨大推动力。作为一名一线教师应该把教育科研、教育教学当成一种乐趣和享受。只有不断地学习，才能不让自己落在时代的后面。

教育教学工作中，教师的自我反思无处不在，无时不有。工作之初，我对于工作的反思环节并不是十分地关注，也因此错失了好多个人专业突破和成长的好机会，没有形成永久性的学习材料，只有些片段和碎片式的反思。而后，经过不断深入的学习，我越来越感受到反思对于教师专业成长的重要意义，于是从写教学随笔开始，记录自己的教育教学工作中的足迹，记录教育教学中的一闪而过的思想火花。而这个过程，本身也是反思、审视、总结、提炼、升华自身教育实践的过程，是不断提升自己专业化水平的过程。

教育教学工作中，教师要正视自己的差距并为此制定详细的职业生涯提升计划。在阅读书中那些名师们的故事时，不难发现，他们不会甘于现状，不会放过任何一个提升自我的机会，会主动地参与到学习中，会向其他学校的名师进行经验交流、问题讨论。不仅如此，他们还会不停地更换视角，站在学生学的角度看问题，而不是单纯地以自己的教学作为落脚点。正视自己的不足是一个人得以不断地进步的前提，但是在教育教学工作实践中，却不乏一些老师不能正视自己的不足。有人会把老师的工作简单地认定为"上两节课的事"，于是故步自封，不思进取；也有人会把老师的工作定义为"教书匠"，于是照本宣科，墨守成规；更有人自视清高，过高地估量自己的水平，于是傲气十足，顾盼自雄，不能认识到自己的不足。在知识更新速度如此之快的时代里，在信息传播渠道如此之多的时代里，在资源来源如此之庞杂的时代里，教师正确的自我认识及生涯规划就显得十分重要。很多时候，我们总是强调去指导我们的学生进行自己的人生规划和职业生涯规划，却忽视了教师个人的职业规划。而名师往往对自己的职业提升有着明确的规划和设计，更是惜时如金，最大限度地提升自己的工作和学习效率。

教育教学中，教师要善于灵活地处理与学生的关系。我们会发现，作为名师，他们会选择跟学生们多交流、多沟通，努力走进学生的内心世界，做他们的知心朋友。名师总是有睿智的做法，提升自己，融化学生，使学生好学、善学、乐学。虽然时下，会有些人不自觉地把教师归为服务性行业，于是与学生之间的关系就变了味，教师的威严受到了强大的冲击。也会有人仍坚持顺从师生关系的历史源头，以不近乎人情的严厉对待学生，学生的自尊受到了伤害。这种关系，是问题的极端解决方式，不足取。教师的智慧，也体现在处理与学生之间的关系上，"严之有度，严之有名，严之有理"才是关键。

　　虽说是名师"悄悄在做的事"，而且其实有些事也未必都是悄悄在做，不少老师也在"公开地做"，只是名教师做得更精致些，他们从自己工作中的细节入手，把细节当作一种习惯、一种积累；他们更以平和的心态面对自己的工作，把工作当作自己的事业去耕耘，注重自己的情绪管理；他们更以乐观来迎战自己的困难与挑战！

　　《论语》中说："君子务本，本立而道生"。其大意是：君子致力于做根本的事情，如果他做人做事的根本树立起来了，那么他就掌握了为人处世的规律、原则。做人做事如是，我们做教师又何尝不是如此呢？对我们来说，"本"首先指的是师德，指的是老师的道德情操。高尚的道德、高雅的情操是老师为人师表的根本；其次，"本"指的是学识，指的是老师扎实的学识；再次，"本"指的是方法，指的是老师的教学方法；而"道"则指的是教育教学的规律。"本立而道生"，致力于做教育教学根本的事，教师们只要在教学中学习，在学习中教学，教育教学之"道"自然就会为我们所掌握！

2017 年 12 月 3 日

让课堂保持新鲜度

—— 《怎么上课，学生才喜欢》读书心得

作为老师，总会面对不同的学生，但是教学的内容和任务却总是相同的，那么如何能让我们的课堂保持新鲜度？寒假时，我读了魏勇老师的《怎么上课，学生才喜欢》，读后有了深刻的体会：作为老师，要努力保持我们课堂的新鲜度。课堂，是每一位老师的阵地，也是每一位老师的舞台，更是每一位老师应该潜心钻研的课题。

魏勇老师在书中提到："做老师其实不难，只要你不忘记自己当学生时对老师的希望和要求，当时你希望老师怎样做，今天你就怎样做。"我喜欢什么样的老师？我努力在脑海中搜索着我自己喜欢的老师的特点：学识渊博；生动形象；思维缜密；亲切自然；幽默风趣……联系工作以来我所接触到的优秀教师，似乎也都与这些词语的描述相关。从自己曾经作为学生的经历和角度来看问题，或许是老师取得专业突破和进步的一个好途径。

魏勇老师还在书中提到："想让学生喜欢听你的课，你必须从学生的经验出发来跟学生对话，也就是说在书本世界和学生经验世界之间，我们老师所起的作用是要搭建一座桥梁。"哪种老师的课是我们最喜欢听的呢？有相关数据做过统计，受学生欢迎的老师身上的品质中，排名第一的就是风趣幽默，而排名第二的是老师在课堂上带给学生新鲜感。我们总是在强调对学生的尊重，这其中最大的尊重并不只是在日常生活中和学生交朋友，更需要在课堂上倾注我们的尊重，也就是在课堂上不时地创新，带给学生些许的惊喜。学生的成长往往不仅来自于他们对我们授课内容和知识的期待，更取决于我们课堂当中出乎学生意料的，又能够让学生感觉很有收获的一些东西，这于学生而言不失为一种成长。课堂其实就是老师和学生一块儿做的一次精神上的旅游，有时候是精神上的探险。在旅游和探险的过程中，如果没有任何意外，所有学生看到的景观都是事先知道的，都是没有超出他的想象力范围和理解力范畴的东西，那么学生不会喜欢这样的旅游和探险，他会在课堂上感觉乏味，他可能就自己去旅游和探险了，这时候，我们的课堂对于学生而言就失去了吸引力。

魏老师说："好的问题在课堂中尤为重要。好的问题至少具有三个特性，即挑战性、知识性、延续性。问题的挑战性会激发学生的兴趣来关注和思考，问题的知识性会保证我们基础任务的顺利完成，问题的延续性则要求会使学生的思考带有连贯性。"我们在课堂上会发现，有些学生就是懒，不愿思考老师的问题，于是我们习惯性地把责任推卸给学生，其实这是不公平的。当然，我们无法忽视学生身上的责任，但是这其中有一部分的责任的根源却在我们老师身上。好的问题应该避免直接的提问，尽可能地用任务、活动或者冲突的情境和话题来激发学生去学习基础知识的兴趣。好的问题，应该是在一个问题提出之后，设想出学生可能会怎么回答，对不同的答案，我们应该怎么去引导，从而让学生对问题的理解能够直线地深入。

"如果教育学希望从一切方面去教育人，那么就必须首先也从一切方面了解人。"读了魏勇老师的书，我越发深刻地感受到：想要努力做好教育，我们需要不断地读书，且不局限于教育方面的书；想要努力成为好老师，就需要重新定义教师角色；而想让学生真正喜欢上自己的课堂，就更加需要不断地探索课堂授课之道。

这种探索永远没有止境！

2017 年 3 月 31 日

遇见更好的自己

——《教有所思》读书心得

用了五天的时间，我读完了李镇西的《教有所思》，掩卷闭目冥想，读书后，我究竟收获了什么？读书的目的，不是为了成为某个人，也不是全盘照抄别人的教学思想和理念，博采众长，为我所用，做独立且有特色的自己，才能遇见更好的自己。

我自认自己有足够的自知之明，我只是一个普通的教师。因此，我们通常所理解的教育，也只能是我们自己眼前的教育，却并不能上升到一定的理论和高度。

"微观课堂"处处是学问。教了十几年的书，有时我会有种感觉：越是教书，越是觉得自己需要学习和研究的东西越多，有时甚至觉得自己需要"备"的东西比以前还多。加入了思考的备课会让自己在课前的准备工作显得相对复杂，但是却会让自己的课堂越来越饱满。正如苏霍姆林斯基在《给教师的建议》中提到的："用一辈子的时间去备课。"所谓这"一辈子"的准备，就是永远不停下阅读的脚步，以书为友，在书海中畅游。读书与不读书之间究竟会有多大的差异？对于一名老师而言，我想便是课堂上的举头投足间，便是课堂上的片言只语间，便是课堂上的"他山之石"，便是课堂上的"秘密武器"。

时下，有人将教育中的一些不良现象称之为教育中的"剧场效应"，罗列出现行教育体制中方方面面的问题。当然，我们不得不说能直面我们的问题，是解决问题的基础。但是，我们吆喝了十几年的教学改革，其结果又当如何？我们总是在为学生减负，其结果却是越减越重；我们总是在寻求着高效课堂的秘籍，却发现高效只是我们的一厢情愿，永远不能如我们所愿；我们总是在抱怨我们的工作，却忽略了我们主观上工作热情的缺乏；我们总是对学生提出各种各样的要求和期待，却在无形中降低了对自己的要求。

静下心来做教师，还给教学一方净土。选择了教师这个在职业，就等于一辈子要与学生打交道，用我们的信念托起学生自由飞翔的心灵，让学生成为真正意义上的独立人。我们不应囿于按教案教参照本宣科，一个不思进取的老师，又怎能让学生们奋发图强？正如李镇西所言："我们应一边教书，一边读书，一边思考，一边写作。"教育与文学共进，思想与激情齐飞，青春与童心为伴，生命与使命同行。

书中"师恩难忘""心动时刻"及"凝望窗外"让我们有了深刻的领悟，那一份份情愫，那一缕缕感怀，在岁月中蔓延、沉淀、留香。只管耕耘，莫问收获，书香、墨香、悠远飘香，静思、凝思、一路沉思……

与学生在一起研读知识的时光，是最美、最静的时光，摒弃了世事的纷扰，归为简单的学术氛围；与学生在一起研读知识的时光，是最幽静、最优雅的时光，开启梦想的大门，走进知识的殿堂。诚然，现实的教学生活，或许添加了许多"佐料"，有些或是潜心做学问的老师们最不愿意接受的，却又不得不去面对，于是掺杂了生活中的烦琐，混入了吞噬人心的急功近利，本真的教育教学失去了原有的模样。但是，在这期间，如果我们的心可以安静下来，至少我们可以为自己的灵魂恪守一方净土，让自己在纯真中感动，在朴实中升华，便可用爱去融化。

从最初选择当老师，到如今我已然进入"乐业"的阶段，无数个昨天的"我"被我留在了昔日的记忆中，因为我相信，今天的我依旧向着心中美好的理想进发。在通往未来的道路上，我终将遇见更好的自己！教有所思，带着思考，放逐于我的课堂！教有所感，带着感怀，激情于我的课堂！教有所悟，带着"开悟"，耕耘于我的课堂！杜威说："选择了一种什么样的教育，就是选择了一种什么样的生活方式。"可以说，选择了一种什么样的生活方式，就是选择了什么样的未来。还教育以真实、诚实，我的教育之路还在不断地思索中！

2016 年 5 月 4 日

"好老师"工作细则所引发的思考

在开学之际,偶然网上"杭州一所学校发布好老师工作细则78条"的新闻吸引了我的注意力,于是打开新闻链接,仔细阅读。我们总是在不断地期望社会上出现越来越多的好老师,更希望真正能配得上"让人羡慕的职业"的盛赞。"好老师"的标准究竟应该是怎样的?

早在2014年,习近平总书记曾讲过,一名合格的教师必须要"有理想信念、有道德情操、有扎实的知识、有仁爱之心"。"做四有教师"呼唤着我们的职业责任感。

好老师要有坚定的理想信念。我曾拜读过许多教育名家的书,领会了他们的教育理念,"好老师"的标准也许会随着社会的发展和文化意识形态的进步与变化产生一些变化,但其最根本的内容并没有发生改变。"教书育人、服务学生、促进发展"需要我们更多地从实处入手,教师的工作更需要从"教师形象、教师沟通、班级管理、教学常规"等四大方面抓好细节。

好老师要尊重学生。我上学的时代是20世纪80年代,老师们对学生的管理以严格著称,"严厉"是班主任老师的一个重要标签。而发展到现在,我们的教育更崇尚语气平和的教育,语气平和是对学生的一种尊重,尊重学生的人格,公平对待每个学生。言传身教,严于律己是作为教师的基本要求。

好老师要对学生一视同仁。学生的学习好与差也并不可以决定他们的一切，每一个人都有每一个人的特点。不能只关心爱护成绩好的学生，而对学习差的学生漠不关心，其实每个学生都很好，也许我们不该在心理上就给他们定位为好学生或差学生，而应该同视为好学生给予期待和要求。学生的内心也渴望与老师交流、沟通，但可能由于自身的胆怯或不会交流，他们会更寄希望于老师，希望老师能够主动走进他们，主动与他们交流，实现真正的师生对话，体现师生人格上的真正平等。

好老师要有扎实的学识。扎实的知识功底、过硬的教学能力、勤勉的教学态度、科学的教学方法。教师的日常生活中不能缺少学习，知识理论是根本基础，好老师应该是智慧型的老师，具备学习、处世、生活、育人的智慧，能在学生学习生活的方方面面给予帮助和指导。

好老师要有仁爱之心。我们作为教育工作者，都明确地知道：爱，是教育的灵魂。好的老师要用自己的爱去培育爱、激发爱、传播爱，通过真情、真心、真诚拉近与学生的距离，滋润学生的心田。用欣赏增强学生的信心，用信任树立学生的自尊，立足让每一个学生健康成长，让每一个学生享受成功的喜悦。

"经师易求、人师难得"，好老师是在"传道授业解惑"后，以"传道"为责任和使命。没有谁的成长、成功之路是一蹴而就的，都需要在教育教学实践中不断地锻炼、成长。教育更不是简单的灌输，而是用大爱浇灌每棵小苗，成为一名有责任、有信念、有爱心、有学识、有涵养的人。我们想要当一位好老师，仅仅做到这些条条框框还不够，更重要的还要尽自己所能，不断学习，做到"常有书香在案头。"还要脚踏实地，从小事做起，从眼前做起，坚持不懈，不断反思，不断改进，不断研究、开拓，不断创新，才能使自己不断耕耘，不断收获，以适应时代的潮流。

网上对杭州这所学校的做法褒贬不一，但是"仁者见仁"，自有其存在的合理性。做一名好教师应该成为我们每位教师终生为之追求的奋斗目标和崇高目标。回想自己从教的这十几年岁月，经验也好，教训也罢，都应该成为自己人生成长的一本"教科书"。我不敢妄言自己是一名好老师，但是至少从内心的追求而言，更希望自己能以史为鉴、以己为鉴，做好眼下之事，走好眼下之路，让自己在专业成长的道路上努力前行！

2018 年 3 月写在新学期开学前

《致青年教师》读书笔记

读吴非的书，总会给我一种"过瘾"的感觉，他的文字展现了多数教师的心声，且给了许多如我一般的中青年教师以专业成长的"钥匙"。每次读他的书，总会有许多感慨，有些文章百读不厌。

《致青年教师》全书共分六辑，它们分别是："做个有胸襟的教师""不要急""心里装着学生的心""尊重常识""不放弃理想""播下一粒善良的种子"，共计85篇文章。这些文章分别围绕教师自身的不同角度，如胸怀、态度、修养等方面，使教师的形象更为丰满和实在。

每每看完一个故事，我就会忍不住对照自己，自己是不是这样的，或者自己没在意这些，或是忽略了哪些。

在《做个有胸襟的教师》一文中，吴非老师第一句就指出："为了让学生胸襟开阔，你应先做个有胸襟的教师"。教师的胸襟，就是学生的天地。教师的胸襟有多宽，学生的精神天地就有多大。良师之心境，如海洋一般辽阔，如长空一般高远。虽说教师行业在社会上的地位愈发地受重视，但是，不可规避的问题是由于个人素质的差异，有些教师的做法却不能让人认同。竞争无处不在，无论是教师之间，还是学生之间，社会就是人的集合，有竞争，就难免出现优劣。容得下别人，容得下比自己强的人，是做人的胸襟与气度。教师自身的作为对学生的影响不可估计。我至今都非常感谢我的小学老师，她性格中的要强与不服输，她为人处世的豁达与明理，她对待工作的执着与热忱，无不影响着她的学生们。遇到良师，是人一生的庆幸！既然，我们每个人都知道这个道理，为什么我们自己不努力做这样的一名老师呢？

在《老师，你最看重的是什么?》中，吴非老师这样描述："学生在学校学习，接触新的知识，每个人的接受能力和认知能力不一样，用同一种考试标准，当然会有差距。"学生在校通过学习获取能力，他在以后的岁月中要持续发展这种能力，仅仅用几次考试的成绩衡量学生，是不准确的，也是没有必要的。最好是全面看待学生，综合地评价学生，学校教育要为人的终身发展奠定人格基础。我一直固执地认为，老师不能把分数放在第一位，更不能用分数去作为衡量学生的唯一标准。所以，我总是强调学生的学业，当以德为先。在我的学生中，有各色的行业精英，但是各行各业中，能经得起时间推敲的莫过于那些德才兼备的学生。多些角度来衡量我们的学生，我们解放的不只是孩子，也包括我们自己。

吴非老师多次提到，教育是一件"慢"事，不能心急。这个"慢"的过程不只是包含教授学生知识的过程，也意在我们教师个人成长的过程。或许，作为老师的我们真的应该学会等待，等待学生明白道理，要等待学生丰富知识，等待学生发展能力，决不可一味地要求学生一下子就掌握我们所教授的东西。与此同时，青年教师自身专业的发展也是件"慢"事，要通过不断的阅读、实践、反思，才能真正地得到发展和提高。工作之初，我曾将自己的一位偶像级的老师作为自己的目标，立志要在十年之内超越她。十年间，我把自己的所学、所见、所感，不断地转换成文字，抓紧每分每秒，多学习、多实践、多思考，不放过任何一个专业成长和发展的机会。

《你为什么不快乐》这篇文章，我反复看了好多次，每一次的阅读，都有一种心酸的感觉。回想自己当初从教的选择是那么毅然决然，在我看来，没有哪个地方比校园更纯净，没有哪个职业比教师更光辉。但是，事实是原来有那么多的东西是我在教育界中不想看到的，看后，甚至会有一种莫名的恐惧，害怕有一天，我的关注点不再是孩子，不再是我的教育梦，而是一些虚无缥缈的东西。"你为什么不快乐"这句话我一直在问自己，我也想在书中找到答案，文章很直接表达了"很多人为什么总是不快乐？不就是很有些想得到的没得到吗？"是啊，当个人的欲望太强的时候，他就迷失了，忘记了根本，就像我们选择了教师这个职业，本来的目的是为了我们的教育理想，出于对这份职业的爱。可是如果关注点变成了一些所谓的荣誉，想在名利场中成为焦点，那他就丧失了快乐之源。所谓"欲壑难填"，一山更比一山高，总会有人比你富有、出名。放平心态的时候，做回本真的我，多问问我们自己投入教育事业的初衷是什么，那样我们才能开心起来。教师的价值绝不在于堆砌的一张张荣誉证书上，而是源于在职业中实现自我的价值，更是通过这份职业寻找到自我的存在感和满足感。

品读《致青年教师》，我不由地赞叹吴非老师是极富有智慧的老师。他总是在不断反思、不断总结，他深感在"想到"与"得到"之间必须加上两个字"做到"。因此，我们作为年轻的教师都更应该成为思想者、学习者、实践者，要在工作中不断反思、不断实践、不断创新，那样才能不断进步，所谓"活到老，学到老"。从业的第 14 年，我读到了吴非，更希望自己真正读懂吴非，领悟教育之美！

2016 年 2 月 12 日

开学之际领悟"责任"

——《愿你的青春不负梦想》读书笔记

在开学之际，难以适应学校生活的恐怕不只是学生，还有众多的老师们，这是我真实的感受，于是在开学之际，我给自己定的读书计划是读《愿你的青春不负梦想》，这是一本俞敏洪的书。之所以选择读俞敏洪的书，倒不是因为仰慕他在今日中国教育界的名气，更不是因为他来我们学校做了次励志演讲而突发兴趣，确是因为总想近距离地体会和领悟一下他的精神，被他的励志精神所感染的同时，更是希望自己会拥有那份坚持的力量，进而以这份力量鼓舞我的学生们。

与俞敏洪近距离的接触共有两次，其中一次是在婚礼上听到他的讲话，言谈之间，感受到的是他如邻家兄长般的憨厚与朴实；而另一次就是他来我们学校为学生做励志演讲，面对迷茫的青春，面对人生的抉择，他又是怎么样的一番经历，听他侃侃而谈，更像是与人聊天，不由地进入他的故事中。

拿起俞敏洪的《愿你的青春不负梦想》，我便迫不及待地读了起来，全书分为六个部分：青春、梦想、成长、奋斗、事业、生活。第一章与第二章的内容是我个人十分喜欢的。在这本书中，俞敏洪老师总结的几个人生关键词包括"梦想、成就感、自信和让自己感觉到自己崇高起来"。"修炼要有两点，一是把自己立住，二是让自己开花"。"修炼好了，加上梦想，就能有所成就"。

梦想和希望是特别好的精神力量，而鼓励他人的梦想，就是在帮助他人，在遇到痛苦或苦难的时候，要学会自己给予自己勇气与希望，能够"穿透黑暗看到星光"，自己赋予自己最好的价值。正所谓"坚持梦想，不忘初心"。我始终相信这世上的每个人的内心深处都有着美好的梦想，而且在追求梦想的道路上大多也都无悔地付出过，但是其结局却迥然不同。在我看来，其根源或许就在于责任与坚持。做了多年的班主任工作，我在与学生交流的过程中总会感受到孩子们内心的"痛苦"与"焦灼"，梦想就摆在那里，努力与否，取决于你；责任就在于此，是否肩负得起，取决于你。如果说他们的青春负了他们的梦想，只是因为他们不愿为梦想付出辛苦，更不情愿肩负起自己的使命。

"吃苦"是人生的必修课，是责任的意义。为人所熟知的杨绛一直认为人生在世，吃苦受累是必然的，她曾在文章中这样写道："黄金也需经过烧炼，去掉杂质，才成纯金。人也一样，我们从忧患中学得智慧，苦痛中炼出美德来。"而现实是，很多孩子并不认同这种选择，总是希望"天上掉馅饼儿"，梦想着自己"一夜暴富""一夜成名"。很明显，这些孩子并没有真正地体会到责任的意义，并没有意识到"吃苦"的过程，是自我的一种历练，更是一种自我的成长。

为"梦想"驰而不息是无悔的选择，是责任的意义。"无迹方知流光短，有梦不觉人生寒"，拥有梦想，我们就会拥有前行的方向和动力。在成长的历程中，不切合实际的梦想会逐渐地被我们抛洒，而余下的是那些具有真实力量的梦想，它们潜伏在我们心底，让我们的心境永远无法宁静，像地下的种子一般，等待着阳光的滋润。梦想有多高远，责任就有多大，"穷则独善其身，达则兼济天下"是责任，"先天下之忧而忧，后天下之乐而乐"是责任，"天下兴亡，匹夫有责"更是责任。梦想只有与责任携手，方可收获成功的人生！

自信是青春的有力武器，是担当责任的基础和前提。在经历青春岁月中的欢欣和阵痛时，用铿锵的脚步，去丈量未知的征程，怀着一颗努力拼搏的初心，勇敢地亮出我们自己。终有一天，在人生的竞技场上，无悔的选择、无言的付出、不懈的打拼，才会帮助我们换来一个精彩的人生。

俞敏洪老师在书中描述了他的青春，他的青春也许没有我们想要的绚丽多彩，却依稀能"看"到他坚实的步伐，"看"到他的热血澎湃，"看"到他的果敢与担当！这正是我们所需要的力量，这正是我们想要活出精彩人生所需要的力量！

掩卷遐思，我的青春不再，但是我的梦想依然，愿我的岁月不负梦想！

2017 年 3 月 7 日

教育的十字路口，我们该何去何从？

——《教育的十字路口》读后感

感谢一个偶然的机会，我读了张文质老师的《教育的十字路口》。在读书的过程中，如同品茶般，细细品味张文质老师对于教育有着怎样的爱与抉择。他选择了从尊重生命出发的教育。这是一个教育者最朴实而崇高的境界，也是教育的归宿。

张文质老师在书中这样写道："性命化教育一直信任人，一直信任性命的意思，一直信任教育能赓续打败屈曲、粗鲁、狭隘、卑俗，走向光亮、慈爱、广阔、协调，教育以人道的体式格局，使人终极博得解放。""所有教育的发现都是人道的发现，所有教育的事理实在都很平实、浅易。教育的难处在于无所专心、听而不闻、置若罔闻，教育的难处还在于咱们总要时时偏离了人道的'常态'。""教育的工具是人、是性命。"

"从关注每一个学生开始，从尊重每一个学生开始，从满足每一个学生的需求开始，从善待每一个学生开始，从开启每一个学生的智慧开始，从相信每一个生命的价值开始，从成全每一个生命发展开始，从改善教学策略开始，从改善与学生的对话方式开始，从提升自我生命质量开始……"这些开始，便是生命教育的理想境界。

古今中外的教育名家们，都是源于心底对生命的"爱"，这种爱让他们享受着教育所带给他们的幸福与快乐，让他们收获教育所带给他们的满足感，让他们安乐于三尺讲台、题海、教案中。爱不仅是教育最原始的力量，还是教育的本质和对话的基础。

然而，爱真的不是一件容易的事情，我们需要客观地正视当今的教育现象和制度问题，张老师在书中也提到了诸多相关问题。面对层出不穷的"变革""抽查""评比""减负""增质"，教师随之成为颇受非议的一个群体，于是，教师理所应当地成了"革命"的对象，只剩下"谦和""自卑"，甚至于变成"几乎不会教书了"。现实中的几分无奈，让本应该在教育中所大力倡导的人文精神变得脆弱无比。教学改革的大潮让一些老师几乎"淹没"在大浪中，百花齐放的教育理论让很多学校的老师不自主地成了改革的实践者，疲于"接受"和"理念更新"。在经历一轮又一轮、一波又一波的"轰炸"后，老师们还是回到教育的原点问题——教与学本质关系的思考。

张老师在书中提出了根基教育中的词汇：自立、互动、开放、质疑、活力、宽容、同情、爱、觉醒、性命。人文精力是现代根基教育变更的代价配景和寻求目的，这些名词在教育改造理论中被赋予了坚实、丰硕、深入的精力内在。尊敬性命，爱每一个学生，宽容地看待每一个学生，为学生创设一个开放、互动的进修情境，造就学生的质疑能力、自立进修的能力，如此咱们的教育才会充满活力。

作为教育者，尤其是高中老师，处在"分数唯上"的现实中，我们总期待着美好的未来，但是面对现实，我们不得不说"想说爱你不容易"。庆幸的是，如"张文质们"还是在爱的十字路口选择了前行，因为有目标：让学生们享受到教育的美好，获得应有的尊重，坚守自己的梦想，坚定自己的信心，那么学校将成为学生永远留恋的港湾！

不知不觉走到教育的十字路口，但是愿自己也如书的作者张文质老师一般，怀着对生命的热情、对教育的热情，一如既往，继续前行！

2016 年 4 月 25 日

细节之处的教育

—— 北京市第二十中学学习参观后

到北京旅游来过很多次，但是与同事相伴到北京的中学参观学习算来却是第一次。在追求"教育公平"的大环境下，北京的教育总是备受诟病，因为是北京人，他们理所当然地享受到更为优质的教育资源，他们可以理直气壮地进入到名牌学校，他们的机会相对于我们——四线小城的学生而言要来得更为容易些。于是，在我的头脑中早就形成了对北京的高中生的印象：学习轻松自由。

但是，当我真正走进北京市第二十中学，"眼见为实"，颠覆了我之前的想法。

北京的高中生也很累，再次印证了"学习从来不是一件容易的事"。中午午休时在学校参观，我和同事走进他们的高中教学楼，时间已经指向中午的 12：15，却发现许多班级还在上着课。站在讲台上滔滔不绝地"授业解惑"的老师们全情地投入到课堂教学中，教室里的孩子们全神贯注，我看了看门口的电子信息板，下课时间是 12：20。下课的铃声响了，学生们要出教学楼去食堂就餐。我很怕耽误孩子们的时间，连忙站在一旁，以免阻挡他们的道路，我听到了数声"您好！"的问好声。在一间高三的教室里，一个学生在埋头苦读，我忍不住好奇，走上前去和他聊了聊他的学习生活：早上到校时间为 7：20，每天 10 节课，晚上有晚自习，周末还有分层课，依然上学。在和他聊的同时，我注意到已经陆陆续续有其他的同学回到教室学习，时间是 12：35。他们对于时间的利用率，他们对学业的"崇敬"，他们对如我一样的陌生人的礼貌，他们师生对课堂的"敬重"，让我感受到学校对师生的正向引导，更注重细节之处，更注重在日常学习生活中渗透对学生的理想教育，更注重学生的自我潜能与自我意识的提高。

北京的高中生纪律管理很严，再次印证了"立德树人"的"德为先"。二十中学的学生校服是白色的校服，校服自来不是时尚的款式，我仔细地观察了一下，发觉孩子们没有一人私自把自己的裤管改窄、改瘦；在尊重个性的时代里，我却惊讶地发现这里的高中生们都是清一色的发式，男孩儿、女孩儿，发式几乎统一，散发出来的就是高中生的气息。在公开课结束之后，没有老师的提醒，孩子们很自觉地把教室里的物品归位，然后静静地离开。德育，是教育的基础，是教育的前提，更要求形成良性循环，使学生得以在健康状态下生态化生长。学校所有的人都参与关注，将决定教育奇迹的诞生。德育，需要一种简单和淳朴的力量，将一切细节转化为教育，才会使教育变得更为简单一些，干净一些、纯粹一些，这也就是德育的气息。二十中，对每一个教育中的细节都给予了关注，对每一个生命都给予了呵护与珍惜，教育的生长是快乐有益的过程。

北京的高中课程"有用"与"无用"相结合，着眼点为学生的成长。二十中学所开设的职业生涯规划课，让学生真切地感受到自己的兴趣与爱好所在，更为学生的选科提供科学的依据；他们的心理课直面学生生活中的困难与小事儿，让学生们觉得自己遇到的问题不是特例，且能在老师们有效的指导下解决。这样的课程，看似与高考的分数无直接关系，其对高考的意义却不容忽视。学生的成长不是分数的高低，更是全面能力的提升过程，其志向的确立更是实现其人生理想的基石。在未来的人生道路上，择业的重要性更是不言而喻。学生需要心灵上的释放与解压，心

195

理健康必定要起到为学生的人生保驾护航的作用。

短短的北京之行，我的感受很多，二十中注重科学高效的管理——将学生、老师的考勤彻底电子信息性价比。二十中注重学习的基础性——假期作业都是针对学生的基本学情而编制；二十中注重学生积极性的调动——每个学年的走廊里满满的都是学生表奖的名单；二十中注重学生教师工作的便捷——会议室都设在办公室的旁边；二十中学注重班级文化的建设——每个教室内满满的都是深深的融入感！

离开北京，回到学校，面对自己的工作，我总是希望加入更多的思考，在实践中创新，在实践中反思，在实践中成长。这种创新、反思与成长更是师生双方都不可或缺的。承认差距，是奋起直追的第一步！加油！我的学校！我的大宝们！也包括我自己！

2018 年 3 月 28 日早

The Power of Dreams

By Daisy Zhao, after seeing the movie *Amazing China*

Having heard of this movie, I have been longing to see it personally, not just for pleasure, but also for self-education. Those who have watched it couldn't help applauding for it and the applause is a witness to their pride and passions.

The 90-minute documentary, Amazing China, opened in theaters nation wide at the end of last month and has won great reputation and increasing praise. It mainly focused on the major achievements the country has made since the 18th National Congress of the Communist Party of China in 2012 under Xi Jinping Thought on Socialism with Chinese Characteristics for a New Era.

Frankly speaking, it arouses Chinese pride from deep inside and appeals to more Chinese, especially the young generation to endeavor for brighter prospect.

The first part of the documentary gives detailed accounts of key Chinese infrastructure projects in aerospace, high-speed rail, the Hong Kong—Zhuhai—Macao Bridge and the world's largest single—dish telescope FAST. As an ordinary person, all of us can't have a better knowledge of it. Nevertheless, the data itself just demonstrates everything.

China has taken seven of the world's 10 biggest sea ports in the world and possesses the longest high — speed rail network, which presents our immense strength and dynamic potential.

In the film, those interviewed express their great self-confidence and reflect the whole nation's spirits, which indeed play an important role in pushing China forward. Whatever kind of projects or however challenging the tasks we face, we use our wisdom, unity and team work to conquer it.

Through it, we can know our nation better. We can feel the greater motivation. We can set more specific goals. Of course, more miracles wait for us to create just ahead of us.

There is no doubt that it is a good documentary. A good documentary is usually a vivid portrayal of individual stories rather than slogans. And Amazing China is no exception.

I bet many viewers may be touched by some of the most affecting moments. Great scientists make great sacrifices for our national technological dream. They asked for nothing in return, just eager to see the promotion of China status in international community. We should salute those heroes, who almost give whole their lives to scientific progress. They committed themselves to our science cause just from the stand of our nation. History will remember them forever, and Chinese will memorize their names in our history.

A young Tibetan woman volunteer rooted in rural areas to help people eradicate poverty. Her hard work and strong wills bring the best in young people. There is no denying that young people are qualified for taking responsibilities and shouldering the historical missions facing them.

A successful entrepreneur from the coastal Fujian province chose to settle in the Gobi Desert, in northwest China. A new career of growing grapes is spread before his eyes and he believes China can produce good grapes.

After all, all of people's work is not easy. It is their spirit and unwavering belief that make it possible and easier for them to achieve their targets. They are pride of our nation, they are just representative of the many hard-working Chinese and they are pride of history.

Although China has become the world's second-largest economy, the country still faces "the contradiction between unbalanced and inadequate development and the people's ever-growing needs for a better life", just as stated in the CPC's 19th National Congress. The case is that the documentary is a good way for the country to boost self-confidence and to aspire for a brighter future.

2018 年 3 月 14 日

再"续"（代后记）

——写给自己

　　不曾想，这一出书，还出上了"瘾"，表面上看这或许带有几分戏谑之意，事实上，却是自己在编织我美丽的教育梦。

　　我是一个总给自己提要求的人，有的要求甚至会略显苛刻。在我眼里，定下的目标，就不应该轻易变更，对目标的执着让周围的很多人觉得我是个十分上进要强的人。我把这种赞扬看成是一种前进的动力，因为我不想也不能让别人失望。

　　小的时候，我把得第一名、考100分当作自己的目标，因为我不想让自己的父母失望。我不是一个男孩子，这其实让有"重男轻女"残留思想的爸爸失望，所以我不断地努力，希望自己可以像男孩子那样，客观地讲，小时候的上进心是一种偏执与倔强；我不想让妈妈失望，因为她总是竭尽所能地呵护着我，我在学习上的要求，她从不含糊，在那个教育还没有受到如此重视的年代里，我把我的要强视为对妈妈最好的回报。

　　参加工作之后，我把追求自己的教育信仰与理想，教会学生做人的道理视为自己的教育理念。自私一点儿讲，我不想让自己失望。毕业之初，我毅然决然地放弃出国、去大学工作的机会，放弃大城市的就业机会，回到了我的家乡，一个不起眼的四线城市。缘何？我是怀揣自己的教育梦想而来，希冀为家乡的教育事业尽一分力量。

　　这段著名的威斯敏斯特教堂碑文对我影响很深：

当我年轻的时候，我的想象漫无边际，我梦想改变这个世界；当我成熟以后，我发现我不能改变这个世界，我将目光缩短了一些，决定只改变我的国家；当我进入暮年以后，我发现我不能够改变我的国家，我最后的愿望仅仅是改变我的家庭，然而，这似乎也不可能……

现在，我已经躺在床上，就在生命将要完结的时候，我突然意识到：如果一开始我就首先改变自己。然后，作为一个榜样，我可能为国家做一些重要的事情，就在我为国家服务的时候，我或许能因为某些意想不到的行为，改变这个世界……

从教的这15年间，我努力用自己的力量去改变自己，反思、提升自己的教育教学工作。我相信天道酬勤，成摞的书，写满了各种批注的卷子，电脑里数十万字的书稿，公开出版的《心照一生》和《书海笔岸》两本教育教学专著，数十篇公开发表的论文……

功利化与世俗是社会的固然存在，我不否认因为写作、因为自己这些写作成果，我有许多"意外收获"。但是，我时不时地会拷问自己的内心世界：我敲击键盘，写下这些文字，究竟为何？我不会停下我的笔，会继续留下我的思考，留下我的文字，便是留下了我奋斗的足迹！不求让历史铭记，但求不让岁月失望！

2018 年 3 月 31 日